Künstliche Intelligenz

Christian Montag

Künstliche Intelligenz

Wie uns die Psychologie hilft, mit der neuen Herausforderung umzugehen

Christian Montag ⓘ
Köln, Deutschland

Macau SAR, China

ISBN 978-3-662-71146-0   ISBN 978-3-662-71147-7 (eBook)
https://doi.org/10.1007/978-3-662-71147-7

Die Deutsche Nationalbibliothek verzeichnet diese Publikation in der Deutschen Nationalbibliografie; detaillierte bibliografische Daten sind im Internet über https://portal.dnb.de abrufbar.

© Der/die Herausgeber bzw. der/die Autor(en), exklusiv lizenziert an Springer-Verlag GmbH, DE, ein Teil von Springer Nature 2025

Das Werk einschließlich aller seiner Teile ist urheberrechtlich geschützt. Jede Verwertung, die nicht ausdrücklich vom Urheberrechtsgesetz zugelassen ist, bedarf der vorherigen Zustimmung des Verlags. Das gilt insbesondere für Vervielfältigungen, Bearbeitungen, Übersetzungen, Mikroverfilmungen und die Einspeicherung und Verarbeitung in elektronischen Systemen.
Die Wiedergabe von allgemein beschreibenden Bezeichnungen, Marken, Unternehmensnamen etc. in diesem Werk bedeutet nicht, dass diese frei durch jede Person benutzt werden dürfen. Die Berechtigung zur Benutzung unterliegt, auch ohne gesonderten Hinweis hierzu, den Regeln des Markenrechts. Die Rechte des/der jeweiligen Zeicheninhaber*in sind zu beachten.
Der Verlag, die Autor*innen und die Herausgeber*innen gehen davon aus, dass die Angaben und Informationen in diesem Werk zum Zeitpunkt der Veröffentlichung vollständig und korrekt sind. Weder der Verlag noch die Autor*innen oder die Herausgeber*innen übernehmen, ausdrücklich oder implizit, Gewähr für den Inhalt des Werkes, etwaige Fehler oder Äußerungen. Der Verlag bleibt im Hinblick auf geografische Zuordnungen und Gebietsbezeichnungen in veröffentlichten Karten und Institutionsadressen neutral.

Planung/Lektorat: Marion Krämer
Springer ist ein Imprint der eingetragenen Gesellschaft Springer-Verlag GmbH, DE und ist ein Teil von Springer Nature.
Die Anschrift der Gesellschaft ist: Heidelberger Platz 3, 14197 Berlin, Germany

Wenn Sie dieses Produkt entsorgen, geben Sie das Papier bitte zum Recycling.

*Songs arise out of suffering,
by which I mean they are predicated
upon the complex, internal human struggle of creation
and, well, as far as I know, algorithms don't feel.
Data doesn't suffer.*

*Nick Cave
(from the Red Hand Files: https://www.theredhandfiles.com/
chat-gpt-what-do-you-think/)*

Für David, Hannah und Susanne

Inhaltsverzeichnis

Teil I Über moralische Panik

1 Über Angst und Furcht im Zeitalter der
   künstlichen Intelligenz (KI)   3

2 Der Mensch und neue Technologien   19

Teil II Warum Menschen KI mit Skepsis begegnen

3 Das unheimliche Tal   31

4 Das Licht in der dunklen Kiste   39

5 Im Angesicht der großen Welle   51

6 Der Schmerzensmann und die Daten   63

Teil III Warum es so schwer ist, die richtige Haltung gegenüber KI zu entwickeln, und wie es trotzdem gelingen kann

7	IMPACT!	73
8	Messen	77
9	Einblicke in die Modalitäten der KI	87
10	Ich und die KI	93
11	In welchem Bereich wird die KI eingesetzt?	101
12	Land und Leute im KI-Zeitalter	107
13	Wie transparent ist die KI?	117

Teil IV Von menschlichen Bedürfnissen im KI-Zeitalter

14	Auf dem Weg zu einer bedürfnisorientierten KI	125
Nachwort		137

Über den Autor

Dr. Christian Montag ist *Distinguished Professor of Cognitive and Brain Sciences* und assoziierter Direktor am *Institute of Collaborative Innovation* an der University of Macau, Macau SAR, China. Seiner Forschung geht er aktuell auch als Adjunct-Professor an der Hamad Bin Khalifa Universität in Doha, Qatar, nach. Von September 2014– März 2025 war er Professor für Molekulare Psychologie an der Universität Ulm und von April 2016– April 2022 Agreement-Professor an der University of Electronic Science and Technology of China in Chengdu/China. Er hat in Gießen Psychologie studiert und danach an der Universität Bonn promoviert und habilitiert. Als Postdoc arbeitete er zudem an der Stony Brook University auf Long Island, NY, USA.

Christian Montag ist (Ko-)Autor von über 400 wissenschaftlich-begutachteten Fachartikeln sowie zahlreichen weiteren Veröffentlichungen. In vielen Arbeiten erforscht er auch die Psyche des Menschen in einer Welt, die zunehmend von künstlicher Intelligenz durchzogen ist.

Über seine Arbeiten wird in den internationalen und nationalen Medien berichtet (z. B. in *New York Times, Forbes, Spiegel, Die Zeit, FAZ, SZ, ARD, ZDF, Arte, CNN* etc.). Im Jahr 2020 ist sein Buch *Animal Emotions: How They Drive Human Behavior* bei Punctum Books erschienen. Im folgenden Jahr 2021 erschien sein Buch *Du gehörst uns!* (Blessing Verlag). Als weitere Bücher folgten kürzlich *Zwischen Bildschirmen und Bäumen* (Bookmundo) und *Das Digital-Dilemma* (Klett).

Teil I

Über moralische Panik

1

Über Angst und Furcht im Zeitalter der künstlichen Intelligenz (KI)

Ein zeitloses Gemälde

Schlangenartig legen sich die beiden Hände um den Kopf der Gestalt. Die Hautfarbe des mir zugewandten Gesichts schimmert ungesund giftig-grün und an einigen Stellen eitrig-gelb. Die Augen und der Mund sind zu einer scheinbar schreienden Totenkopfmaske erstarrt. Die in krummer Haltung verharrende Gestalt steht auf einem langen Steg. Im Hintergrund schimmert das Licht des Sonnenuntergangs. Oder handelt es sich um einen Morgenhimmel? Ich stehe dem unheimlichen Wesen gerade mal einen Meter gegenüber und mir ist unbehaglich zumute. Wird gleich ein Laut über die Lippen der scheinbar fließenden Gestalt kommen?

Die gerade dargestellte Szene beschreibt keine Geschichte aus einem Roman von Stephen King, sondern das weltberühmte Bild „Der Schrei" von Edvard Munch. Der Maler kämpfte sein Leben lang mit psychischen Erkrankungen,[1] was sich in der Düsterkeit des Bildes widerspiegelt. Möglicherweise wollte Munch einen Menschen inmitten einer Panikattacke zu Beginn der Moderne skizzieren.

Ich stehe vor der schreienden Gestalt in einer Kammer mit schwarzen Wänden im Munch-Museum in Oslo. Dort tauche ich in die dunkle Welt des norwegischen Malers ein. Das Bild entfacht einen Sog, der mich merkwürdig einnimmt. Nach einiger Betrachtungszeit wendet sich mein Blick von der hypnotisch wirkenden Gestalt im Vordergrund des Bildes auf die beiden weiteren Personen, die in einiger Entfernung hinten auf dem Steg wandeln. Zumindest eine der beiden Personen trägt eine Kopfbedeckung. Die beiden von Munch nur skizzierten Personen im Hintergrund wirken im Gegensatz zu der unheimlichen Gestalt im Vordergrund seltsam ruhig. Um mein Unbehagen loszuwerden, stelle ich mir kurz vor, dass die schreiende Person nicht auf dem Bild zu sehen ist. Vor meinem inneren Auge wirkt das Bild nun ganz anders auf mich. Es geht keine Bedrohung mehr von der Szenerie rund um den Steg aus. Der farbenfrohe Himmel wirkt fast freundlich.

Ich werde plötzlich aus meiner Gedankenwelt jäh herausgerissen. Eine schwarze Tafel fährt automatisch vor Munchs Gemälde und löst die unsichtbare Verbindung zu der unheimlichen Gestalt. Im Munch-Museum hängen in der dunklen Kammer drei Varianten des Schreis, wobei jede Stunde eine andere Version des berühmten Motivs aus der Feder von Edvard Munch gezeigt wird. Während der Schrei in Öl auf Pappe nun verschlossen ist, zeigt sich

---

[1] Skryabin, V. Y., Skryabina, A. A., Torrado, M. V., & Gritchina, E. A. (2020). Edvard Munch: the collision of art and mental disorder. *Mental Health, Religion & Culture*, *23*(7), 570–578.

auf der benachbarten Wand der dunklen Kammer nun „Der Schrei" in Form einer schwarz-weißen Lithografie.

Ich habe für den Moment genug gesehen. Ich setze mich im Museum auf eine Bank und starre an die Wand. Der Schrei hallt in mir nach, und meine Gedanken wandern zu einer Frage, die mich wissenschaftlich seit einigen Jahren umtreibt. Wie wird die KI-Revolution Gesellschaften rund um den Globus umwälzen? Genauer: Wie werden scheinbar hyperintelligente Systeme die Arbeitswelt, aber auch das Zusammenleben von Menschen beeinflussen? Ist das Anlass zur Panik wie auf dem Gemälde Munchs? Schon jetzt scheint für mich klar, dass der Einsatz von KI-Systemen noch größere Folgen haben wird als die Automatisierung bestimmter menschlicher Tätigkeiten im letzten Jahrhundert.

Automatisierung ist nicht gleich KI

In der dunklen Kammer des Munch-Museums findet sich ebenfalls eine Form der Automatisierung. Die dort befindlichen Munch-Bilder werden zu genau definierten Zeiten wie von Geisterhand verschlossen und geöffnet. Die Regel sagt dabei, dass zu jeder vollen Stunde jeweils nur eine Version des Schreis zu sehen ist, während die anderen beiden nicht sichtbar sind, und das alles ohne menschliche Beteiligung. Dabei wird auch die Regel befolgt, dass alle drei Bilder nacheinander zu sehen sein müssen. Diese Form der Automatisierung hat nichts mit KI zu tun, sondern mit einer einfachen Regel, die in eine Software einprogrammiert wurde. Fahre um 10 Uhr eine Wand vor Bild A und öffne dann Bild B. Fahre um 11 Uhr eine Wand vor Bild B und öffne Bild C. Fahre um 12 Uhr eine Wand vor Bild C und öffne Bild A. Und dann geht es wieder von vorne los.

Unterschiedlichste Formen der Automatisierung kennen wir aus vielen anderen Bereichen unseres Lebens: Denken Sie beispielsweise an Ihren Auto-Reply bei E-Mails: An den Absender von einer einkommenden Mail wird bei Aktivierung eine Standardantwort geschickt. Die übliche Ampelschaltung im Straßenverkehr stellt ebenfalls eine Form der Automatisierung dar. Diese könnte in Zukunft aber effektiver arbeiten, wenn die KI den Verkehr überwacht.[2] KI geht demnach über den klassischen Automatisierungsprozess hinaus, wird aber natürlich auch zur Automatisierung von Tätigkeiten führen, die bis jetzt nur von Menschen durchgeführt werden können.

Was genau ist KI und sind aktuelle KI-Systeme wirklich intelligent?

Um diese Frage zu beantworten, machen wir eine Zeitreise zu dem Dartmouth Summer Research Project on Artificial Intelligence im Sommer 1956. Die Organisatoren rund um John McCarthy äußerten sich auf dieser ersten KI-Konferenz zu dem KI-Konzept wie folgt: „An attempt will be made to find how to make machines use language, form abstractions and concepts, solve kinds of problems now reserved for humans, and improve themselves."[3] Mit anderen Worten geht es darum, dass Maschinen lernen, die menschliche Sprache zu nutzen, Abstraktionen und Konzepte zu verstehen als auch Probleme zu lösen, die bisher nur von unserer Spezies gelöst werden konnten. Wenn

---
[2] https://www.heise.de/news/KI-Ampel-Stadt-Hamm-wertet-Ampel-mit-kuenstlicher-Intelligenz-als-Erfolg-9288363.html
[3] Aus dem Proposal von 1955: McCarthy, J., Minsky, M. L., Rochester, N., & Shannon, C. E. (2006). A proposal for the dartmouth summer research project on artificial intelligence, August 31, 1955. AI Magazine, 27(4), 12-14.

wir uns die Sprachfähigkeiten der aktuellen KI-Modelle wie ChatGPT anschauen, scheinen wir zumindest in dem Bereich der schriftlichen Sprachproduktion intelligentem Verhalten nahe zu sein. Allerdings werden die Limitationen generativer KI-Systeme schnell deutlich, wenn man sieht, dass die gerade gängigen Large Language Modelle (LLMs) nach wie vor „halluzinieren". Es werden von der KI also Antworten auf unsere Fragen generiert, die schlichtweg falsch sind. Ich habe selbst bei meinen Interaktionen mit ChatGPT erfahren, dass die generative KI beispielsweise wissenschaftliche Studien erfunden hat, die es niemals gegeben hat.

Meiner Meinung nach sollten wir allerdings besser nicht das Wort „halluzinieren" im Kontext von falschen Ergebnissen einer KI nutzen, sondern lieber von einem Fehler der Maschine oder „algorithmischen Müll" sprechen, wie es Naomi Klein vom *Guardian* betitelt.[4] Andernfalls sprechen wir einer KI vorschnell menschliche Eigenschaften zu, die diese nicht besitzt. Denn: Das LLM-Prinzip von ChatGPT und ähnlichen Produkten beruht erst mal auf nicht viel mehr als einer Aneinanderreihung von Wörtern, die in einem bestimmten Kontext statistisch besonders wahrscheinlich sind. Trotzdem werden Sie, lieber Leser, liebe Leserin, sicherlich bei Erstkontakt mit ChatGPT auch beeindruckt von der Flüssigkeit und der (zumeist) grammatikalischen Korrektheit der Sprache gewesen sein, die ein LLM wie ChatGPT generieren kann. Deswegen scheint es retrospektiv wenig überraschend, dass seit dem Launch der generativen KI ChatGPT im November 2022 das Thema KI in aller Munde ist. Und zweifelsohne nutzen viele Menschen von uns bereits ChatGPT und andere

---

[4] https://www.theguardian.com/commentisfree/2023/may/08/ai-machines-hallucinating-naomi-klein

LLMs, um sich Texte oder Zusammenfassungen ausgeben zu lassen. Microsoft hat in das Mutterhaus OpenAI von ChatGPT zehn Milliarden Dollar investiert,[5] damit in Zukunft auch das Office-Paket inklusive Word, PowerPoint und Excel von der generativen KI profitiert. Das unterstreicht die Bedeutsamkeit, die die Tech-Industrie der KI beimisst.

Richtig ist aber auch, dass die aktuell vorherrschenden Einstellungen gegenüber KI von größten Bedenken bis hin zu enthusiastischen Heilsversprechen reichen. In Bezug auf das Bild von Edvard Munch könnte man sich die Frage stellen, ob wir zum Lager der schreienden Person im Vordergrund des Bildes oder zu den entspannt Spazierenden im Hintergrund gehören. Dieselbe Frage lässt sich genauso für die Protagonisten der KI-Industrie stellen: Der Chef-KI-Entwickler aus dem Hause Meta heißt Yann LeCun und sieht die aktuellen KI-Entwicklungen relativ gelassen. LLMs wie ChatGPT sind seiner Ansicht nach nicht intelligent[6] und auf einer Vortragsfolie schreibt er sogar „Machine learning sucks!".[7] Mit anderen Worten ist LeCun der Auffassung, dass eine zentrale Methode der KI-Forschung (maschinelles Lernen) ordentlich nervt. Warum? In demselben Vortrag fasst er zusammen, dass Methoden der KI wie supervidiertes – also überwachtes – maschinelles Lernen eine große Menge an gelabelten Beispielen brauchen, um zu sinnvollen Ergebnissen zu kommen. In deutscher Sprache: Bevor eine KI lernen kann, ob auf einem Bild eine Katze oder ein Hund zu sehen ist, muss diese mit vielen Tausenden gelabelten

---

[5] https://www.forbes.com/sites/qai/2023/01/27/microsoft-confirms-its-10-billion-investment-into-chatgpt-changing-how-microsoft-competes-with-google-apple-and-other-tech-giants/
[6] https://twitter.com/ylecun/status/1729677514614755772
[7] https://www.youtube.com/watch?v=vyqXLJsmsrk&t=836s

Bildern gefüttert werden, die jeweils mit der Information versehen sind, ob es sich bei dem Bild um einen Hund oder eine Katze handelt. So intelligent scheint die KI also nicht zu sein. Menschen lernen dagegen neue Aufgaben sehr schnell, sie haben ein Verständnis davon, wie die Welt funktioniert, und als Psychologe weiß ich auch, dass das Verhalten von Menschen von Bedürfnissen geleitet wird. Darüber hinaus ist es ein üblicher Trugschluss des Menschen, nicht-menschliche Dinge zu vermenschlichen.[8] Dieser Anthropomorphismus findet nun auch gegenüber Maschinen statt. Wir sollten uns diesem Denkfehler entziehen, um die Fragen rund um die KI und deren Folgen möglichst objektiv beantworten zu können. Gerade wenn es um das Thema Intelligenz geht, müssen wir besonders vorsichtig sein, einer Maschine diese menschliche Eigenschaft zuzuschreiben.

Es gibt keine Einigkeit darüber, was menschliche Intelligenz ist

Dies gilt auch aus einer anderen Perspektive (jenseits des Anthropomorphismus). Unglaublich, aber wahr: Es gibt unter Fachleuten keine Einigkeit darüber, was menschliche Intelligenz genau ist. John Wassermann fasst es wie folgt zusammen: „The failure to arrive at a consensus on defining intelligence after a century of research constitutes one of the most surprising loose threads in the history of psychology."[9] Ich persönlich denke, dass sich menschliche

---

[8] Dacey, M. (2017). Anthropomorphism as cognitive bias. *Philosophy of Science*, *84*(5), 1152–1164.
[9] Wasserman, J., & Tulsky, D. (2005). A history of intelligence assessment. In D. Flanagan & P. Harrison (Eds.),Contemporary intellectual assessment: Theories, tests, and issues (pp. 3–22). New York and London: TheGuilford Press

Intelligenz darin äußert, dass sich eine Person erfolgreich mit ihrer Umwelt auseinandersetzt. Wenn das der Maßstab für Intelligenz wäre, ist eine KI noch meilenweit von intelligentem Verhalten entfernt. Die KI mag zwar in spezifischen Bereichen Hervorragendes leisten und dies besser als der Mensch. Wenn wir uns die KI aber als eine operierende Maschine vorstellen, die eigenen Zielen mit Sinn und Verstand in unserer Welt nachgeht (der Terminator aus Hollywood lässt grüßen), dann sind wir doch meilenweit von dem entfernt, was KI gerade kann. In diesem Zusammenhang fällt auch gerne der Begriff der *Artificial General Intelligence* (AGI), also eine KI, die jede Tätigkeit des Menschen übernehmen kann. Wird die „technologische Singularität"[10] jemals kommen, also der Zeitpunkt, in dem eine KI die menschliche Intelligenz mit ihren vielen Facetten übertrifft?

Nun werden viele Experten und Expertinnen nicht meiner Definition von Intelligenz folgen. Boring definierte lakonisch Intelligenz als das, was der Intelligenztest misst.[11] Und natürlich kann ChatGPT viele Wissenstests bestehen, was als kristalline Facette der Intelligenz bekannt ist (das Wissen ist ja im Internet verfügbar und auf diesem Wissen ist ChatGPT trainiert worden). Aber wie gut ist ChatGPT wirklich bei Wissenstests? In einer kürzlich erschienenen Arbeit konnten deutsche Forschende zeigen, dass ChatGPT Klausuren des Staatsexamens für Medizin bestanden hat. Allerdings war es keine überragende Leistung und die Leistung fiel schlechter als bei durchschnittlichen

---

[10] Ein lesenswertes Paper beschreibt das Problem der Definition des Singularitätsbegriffs: Hoffmann, C. H. (2023). A philosophical view on singularity and strong AI. *AI & Society*, 38, 1697–1714.

[11] Boring, E. G. (1961). Intelligence as the Tests Test It. In J. J. Jenkins & D. G. Paterson (Eds.), *Studies in individual differences: The search for intelligence* (pp. 210–214). Appleton-Century-Crofts.

Medizinstudierenden aus.[12] Ein weiteres Beispiel: Aus den Neurowissenschaften ist bekannt, dass komplexe kognitive Funktionen auf einem funktionierenden präfrontalen Kortex in unserem Gehirn basieren. Das Funktionieren dieser kognitiven Funktionen lässt sich mit neuropsychologischen Tests am Menschen überprüfen. Das Forscherteam um Riccardo Loconte beobachtete in seiner Arbeit, dass ChatGPT schlechte Fähigkeiten beim Planen einerseits und dem Erkennen von semantischen Absurditäten andererseits zeigte.[13] Gleiches gilt für das Erspüren der Intention eines Gegenübers. In einigen Domänen menschlicher Intelligenz zeigt ChatGPT also noch keine überragenden Fähigkeiten. Natürlich sind diese Beispiele lediglich Bestandsaufnahmen, die wahrscheinlich beim Erscheinen dieses Buches schon veraltet sind. Generative KIs wie LLMs werden rasant besser. Trotzdem zeigen die Beispiele, dass LLMs und andere Formen der KI ihre Grenzen haben.

Was macht KI mit Gesellschaften und der Menschheit?

Jenseits der Frage, ob LLMs oder andere Formen der KI wirklich intelligent im Sinne menschlicher Intelligenz sind, streiten die Gelehrten seit einigen Jahren über die Auswirkungen der KI auf Gesellschaften. Wird es zu

---

[12] In der Arbeit wurden Aufgaben mit Bildern ausgelassen: Jung, L. B., Gudera, J. A., Wiegand, T. L., Allmendinger, S., Dimitriadis, K., & Koerte, I. K. (2023). ChatGPT passes German state examination in medicine with picture questions omitted. *Deutsches Ärzteblatt International*, *120*(21–22), 373.
[13] Loconte, R., Orrù, G., Tribastone, M., Pietrini, P., & Sartori, G. (2024). Challenging large language models' „intelligence" with human tools: A neuropsychological investigation in Italian language on prefrontal functioning. *Heliyon*, *10*(19), e38911.

Massenarbeitslosigkeit kommen? Wir wissen es nicht, denn niemand kann die genauen Zahlen der Arbeitslosen durch KI exakt antizipieren. Momentan liegt die Schätzung des KI-Experten Kai-Fu Lee bei 40 % in den nächsten zehn Jahren.[14] Es gibt aber auch Schätzungen, die deutlich darunter liegen. Zumal auch im KI-Sektor viele neue Berufe entstehen. Eine Verrechnung der wegfallenden und neu entstehenden Jobs wird bei einer solchen Prognose häufig außer Acht gelassen. Die Frage stellt sich allerdings, ob die Arbeitslosen der Zukunft entsprechend ausgebildet sind, um in dem KI-Sektor arbeiten zu können. Hier entstehen große gesellschaftliche Herausforderungen, für die Regierungen weltweit Lösungen finden werden müssen. Im Kontext der Regulierung von KI-Systemen werde ich mich in diesem Buch entsprechend an späterer Stelle mit der Frage beschäftigen, welche Antworten Regierungen auf die anstehende KI-Revolution finden.

Kommen wir zur nächsten Frage und größer geht es fast nicht: Schafft sich der Mensch durch die KI ab? James Lovelock beschreibt in seinem optimistischen KI-Buch *Novacene*,[15] dass es dazu nicht kommen wird. Lovelock war ein Wissenschaftler, der vor allen Dingen durch die Gaia-Hypothese weltweit bekannt geworden ist. Im Rahmen der Gaia-Hypothese werden die Erde und die dort befindliche Biosphäre als ein einheitliches Lebewesen betrachtet. In *Novacene* beschreibt Lovelock, dass sich unsere Spezies im Zeitalter der KI in einer Transitphase befindet, wobei sich der Mensch bei Ankunft im neuen KI-Zeitalter mit dem Namen „Novacene" gutmütigen Cyborgs unterordnen muss. Gaia braucht die digitalen Wesen, um die Erde vor dem Klimawandel zu retten. Die gute Nachricht für uns: Die Cyborgs brauchen uns weiterhin als ausführende

---

[14] https://fortune.com/2019/01/10/automation-replace-jobs/
[15] Lovelock, J. (2019). *Novacene: The coming age of hyperintelligence*. MIT Press.

Kraft auf der Erde und es kommt zu einer friedlichen Ko-Existenz. Hilfreich für ein Verständnis der Lovelock'schen Theorie ist zu wissen, dass James Lovelock davon ausgeht, dass die Aufgabe des Universums darin besteht, sich selbst zu erkennen. Seiner Auffassung nach hat die Evolution in Form des Menschen auf der Erde bereits einen großen Schritt in Richtung dieser Selbsterkenntnis gemacht. Nun werden die hyperintelligenten Cyborgs im Zeitalter des Novacene den nächsten Schritt zur Selbsterkenntnis des Universums gehen. Was hier zugegebenermaßen verrückt klingt, wird in Lovelocks Buch durchaus stringent hergeleitet. Selbst Tim Radford von dem renommierten Fachblatt *Nature* beschreibt den Lovelock'schen Schreibstil als überzeugend.[16] Lovelocks Blick auf die kommende Hyperintelligenz geht aber weit über unsere Lebzeiten hinaus, und es ist mehr als fraglich, ob die gerade lebenden Generationen diese Ko-Existenz mit besagten Cyborgs erleben werden. Nüchtern könnte man sagen, dass ohne den Menschen in puncto KI aktuell nichts läuft, und wir aufpassen müssen, dass nicht die Ausbeutung von Mensch und Natur in den Hintergrund gerät, die von der KI-Industrie durch ihre grandiosen Narrative vertuscht wird. Kate Crawford schreibt in ihrem *Atlas of AI* zutreffend,[17] dass die KI-Revolution ohne eine Ausbeutung der Erde (z. B. Lithium), ohne eine Ausbeutung von Clickworkern (schlecht bezahlte Menschen, die Bilder mit Worten versehen = Labeling von Daten) und ohne eine Ausbeutung von unseren Daten nicht existieren würde. Aus diesem Blickwinkel wirken die aktuellen Entwicklungen um die KI direkt weniger glamourös.

---

[16] Radford, T. (2019). Novacene: The Coming Age of Hyperintelligence. *Nature, 570*(7762), 441–442.
[17] Crawford, K. (2021). *The atlas of AI: Power, politics, and the planetary costs of artificial intelligence.* Yale University Press.

Jenseits der Ausbeutung von Mensch und Natur werden weitere konkrete Gefahren benannt. Der Historiker Yuval Noah Harari ist der Auffassung, dass die KI – besonders mit den Fähigkeiten der LLMs, also Sprachproduktion – eine Art Generalschlüssel für das Funktionieren von Gesellschaften an sich reißt. Hier schwingen vor allen Dingen Sorgen um Desinformationskampagnen mit, die bereits in den letzten Jahren auf den sozialen Medien eine große Rolle gespielt haben und mit fast nicht zu enttarnenden Deepfakes ein noch größeres Problem werden. In diese pessimistische Grundhaltung stimmt auch Geoffrey Hinton ein: „Ich kann mir nicht vorstellen, wie man Übeltäter davon abhalten soll, es (Anmerkung: die KI) für Schlechtes zu nutzen."[18] Diese Einstellung Hintons ist durchaus überraschend, wenn man bedenkt, dass Geoffrey Hinton als einer der Gottväter der KI gilt und ein zentraler Mitentwickler der heute verfügbaren KI-Modelle ist. Nobelpreisträger Hinton hat sogar bei Google gekündigt, um die Menschheit vor den Gefahren der KI zu warnen, und ist besonders aufgrund des rasanten Entwicklungstempos rund um die KI besorgt.

Wie gefährlich sind die aktuellen KI-Modelle also wirklich und wo stehen wir?

Wir könnten jetzt weitere Intellektuelle nennen wie Shannon Vallor, die in ihrem Buch *The AI Mirror* die Gefahren aufzeigt, wenn sich Menschen nur noch in ihrem eigenen

---

[18] https://www.stern.de/digital/online/geoffrey-hinton--der--urvater-der-ki--bereut-sein-lebenswerk--33429668.html

Datenspiegel sehen und sich die Frage stellt, ob dann noch etwas genuin Neues entstehen kann?[19] Der mittlerweile 76-jährige Raymond Kurzweil gilt als Tech-Orakel und schreibt in seinem neuesten Werk *The Singularity is Nearer* mit erstaunlich präzisem Zeitplan, dass wir unsere Gedanken bereits Mitte der 2030er-Jahre in eine Cloud hochladen werden.[20] Die Fusion aus Nanotechnologie und KI-Revolution soll dies möglich machen. Kurzweil sieht die Menschheit vor einem grandiosen Zeitalter stehen, in dem wir durch KI länger und gesünder leben werden. Das klingt ziemlich nach Utopie und Science-Fiction, aber Kurzweil lag schon öfters richtig. Bill Gates hält ihn übrigens für das beste KI-Orakel: „Ray Kurzweil is the best person I know at predicting the future of artificial intelligence."[21]

Ich höre an dieser Stelle auf, die unzähligen Szenarien in der Literatur vorzutragen. Stattdessen stelle ich mir erneut die Frage: Sollen wir wie die schreiende Person in Munchs Gemälde im Angesicht der nächsten KI-Welle wirklich in Panik geraten? Oder ist es wie in der Vergangenheit? Wir werden nach und nach lernen, mit der neuen Technologie umzugehen, und unsere Gesellschaften werden sich anpassen? Mir selbst fällt es sehr schwer in Anbetracht der Heilsversprechungen auf der einen Seite und den Untergangszeichnungen auf der anderen Seite, mich einem der Lager anzuschließen.

Damit Sie sich ein eigenes Bild machen können, erläutere ich in den folgenden Kapiteln zunächst, warum es so unglaublich schwer ist, eine Abschätzung darüber zu geben, wo wir in wenigen Jahren im Kontext der

---

[19] Vallor, S. (2024). *The AI Mirror: How to Reclaim Our Humanity in an Age of Machine Thinking*. Oxford University Press.
[20] Kurzweil, R. (2024). *The Singularity Is Nearer: When We Merge with AI*. Random House.
[21] https://www.penguin.co.uk/authors/305352/ray-kurzweil

KI-Revolution stehen werden. Und auch warum es so schwer ist, vorherzusagen, ob eines der Lager die Oberhand behalten wird. Die KI-Skeptikerinnen oder die KI-Optimisten? Weiterhin führe ich in ein theoretisches Rahmenwerk ein, das Kollegen aus Qatar, den Emiraten und ich erstellt haben, um detaillierter auf die Folgen der KI-Revolution einzugehen und so Orientierung zu bieten. Dieses Rahmenwerk kann Ihnen auch dabei helfen, eine Haltung zu entwickeln, die der Komplexität des Themas gerecht wird. Das wir eine nuancierte Einstellung zu KI-Systemen entwickeln sollten, steht für mich außer Frage. Schon jetzt finden sich in zahlreichen Produkten und Services KI-Mechanismen verbaut und wir sollten die zugrunde liegenden Funktionsweisen verstehen. Denken Sie dabei nur an den Newsfeed in den sozialen Medien, der durch KI bestückt wird. Oder denken Sie an den Sprachassistenten in Ihrem Telefon oder an das viel genannte ChatGPT-Sprachmodell.

Das ist aber alles nur der Anfang. Zweifelsohne wird KI einiges in den nächsten Jahren auf den Kopf stellen. In diesem Buch wollen wir trotzdem einen kühlen Kopf bewahren und eine ausgewogene Haltung gegenüber „dem, was kommt" entwickeln. Das Implementieren von KI-Produkten im Alltag wird Gesellschaften im Guten wie im Schlechten beeinflussen. Das ist wenig überraschend, denn Technologie ist zumeist weder gut noch schlecht. Der Mensch formt die Technologie. Vor- und Nachteile werden dann möglicherweise gleichzeitig evident: Gesellschaften, die KI mit offenen Armen umfangen, werden wahrscheinlich in mancher Hinsicht ökonomisch durch Produktivitätsgewinne profitieren – sie werden aber auch eher mit unbeabsichtigten Nebenwirkungen und „Kinderkrankheiten" der KI konfrontiert werden und diese als Pioniere eher ausbügeln müssen, während der Rest der Welt zuschaut. Der „Early Adopter" hat nicht immer einen Vorteil.

In Munchs Museum hat man die KI-Entwicklung übrigens wohlwollend aufgenommen. Das Museum arbeitet gerade mit der spezialisierten KI-Firma TCS daran, die Zeichenkunst von Munch mithilfe von KI lebendig werden zu lassen.[22]

Ich stehe von der Bank in Munchs Museum auf und fahre in die oberste Etage, um meinen Blick über die Fjordlandschaft Norwegens schweifen zu lassen. Mein Denkapparat schwirrt aber immer noch um den Gedanken: Wie wird sich unsere Welt durch KI verändern?

---

[22] https://www.tcs.com/who-we-are/newsroom/press-release/munch-museum-partners-tcs-create-pioneering-immersive-ai-driven-drawing-experience

2

Der Mensch und neue Technologien

KI ist wie eine neue Form der Elektrizität

Ich erinnere mich noch daran, wie ich als kleines Kind mit meinen Eltern im Urlaub in den USA war. Dort besuchten wir das Haus des Erfinders Thomas Alva Edison in Fort Meyers in Florida. Das Haus ist nach der langen Zeit immer noch in meinem Gedächtnis. Es handelt sich um ein großes helles Anwesen in der Nähe des Caloosahatchee River, wo die Edisons ihre Winterresidenz inmitten von Palmen hatten.[1] Der berühmte Bewohner des Hauses hat sich durch viele Errungenschaften im Bereich der Elektrizität hervorgetan und gilt nicht nur als zentraler Wegbereiter für elektrisches Licht, sondern auch für Ton- und Bildmedien.[2]

---

[1] https://www.edisonfordwinterestates.org/what-to-see/historic-homes/
[2] Jenkins, R. V., & Nier, K. A. (1984). A record for invention: Thomas Edison and his papers. *IEEE Transactions on Education*, *27*(4), 191–196.

Elektrizität ist für uns heute völlig normal. Stellen wir uns aber kurz vor, dass wir keinen Strom mehr hätten. Laptop und Smartphone würden nicht mehr laufen, der Fernseher würde auch nicht mehr angehen und in vielen Haushalten würde es kalt bleiben. Bei der Elektrizität handelt es sich demnach um eine „Allzweck-Technologie". Mit anderen Worten geht es um eine Technologie, die in sehr vielen unterschiedlichen Bereichen Anwendung finden kann.

Der bekannte KI-Experte Andrew Ng vergleicht die Auswirkungen der KI auf die Gesellschaft nicht umsonst mit den Auswirkungen von Elektrizität auf die Gesellschaft („Why AI Is The New Electricity").[3] Wenn man so möchte, ist KI eine neue Form der Elektrizität. Auch bei der KI handelt es sich um eine Allzweck-Technologie. Die Elektrizitätsmetapher halte ich für hilfreich, um auf einer abstrakten Ebene auf die weitreichende Wirkung von KI auf unsere Gesellschaften hinzuweisen. Vor diesem Hintergrund erscheint mir auch eine historische Betrachtung menschlicher Reaktionen auf die Einführung der Elektrizität als gewinnbringend, um daraus Lektionen für die anstehende KI-Welle zu lernen.

Wie reagierten Menschen auf die Einführung der Elektrizität?

Wie üblich bei neuen Technologien brach nach Einführung der Elektrizität eine moralische Panik aus. Elektrizität – was für ein Teufelszeug! Passend dazu gibt es skurrile Berichte: Am Dienstag, den 17. November 1903, berichtete das *Sioux City Journal* über einen Flüchtigen aus einer

---

[3] https://www.gsb.stanford.edu/insights/andrew-ng-why-ai-new-electricity

2 Der Mensch und neue Technologien 21

psychiatrischen Anstalt, der behauptete, dass die Elektrizität seinen Kopf schrumpfen und seine Knochen verwesen lasse.[4] Jetzt kann man dies als Teil der psychischen Erkrankung des Patienten C. F. Saunders abtun. Aber auch andere Personen sorgten sich um negative Folgen der Elektrizität. Unter anderem wurde diskutiert, welche Konsequenzen der Austausch von Pferdekutschen durch elektrisch betriebene Fahrzeuge haben würde.[5] Darüber hinaus machte mancher Landwirt die neuen elektrisch betriebenen Telefonpfosten am Rande der Felder für die schlechten Preise ihrer Baumwollprodukte verantwortlich. Als Gründe für diese Haltung der Landwirte mögen erwartete Preisabsprachen über die Telefonverbindungen oder eine generelle Skepsis gegenüber modernen Technologien angeführt werden können, die aus Landbevölkerungssicht vor allen der Stadtbevölkerung zugutekommen würde. Als Konsequenzen wurden viele solcher Telefonpfosten von manchem Landwirt gefällt.[6] Andere Zeitgenossen führten das schlechte Wetter im Jahr 1928 auf das Radio mit seinen elektrischen Wellen zurück.[7]

Die Skepsis gegenüber neuen Technologien hörte mit der Einführung der Elektrizität bekanntlich nicht auf. Über den Lauf der Geschichte hinweg haben Menschen über die Gefahren von Büchern, dann über Gefahren durch das Fernsehen und heute durch Computerspiele und Smartphones gestritten. Dabei lässt sich durchaus festhalten, dass neben den heute amüsant wirkenden Schilderungen rund um die Einführung der Elektrizität manche vorgetragene Skepsis berechtigt war. So hat die

---

[4] https://pessimistsarchive.org/list/electricity/clippings/1903/sc-255
[5] https://pessimistsarchive.org/list/electricity/clippings/1895/sc-143
[6] https://pessimistsarchive.org/list/electricity/clippings/1897/m-sc-186-57
[7] https://pessimistsarchive.org/list/electricity/clippings/1928/m-sc-503-253

Weltgesundheitsbehörde mittlerweile bestätigt, dass es die Computerspielabhängigkeit tatsächlich gibt und damit ein ernst zu nehmendes Gesundheitsthema ist.[8] Wir selbst beobachteten in einer groß angelegten Studie, dass ca. 2 % von über 120.000 befragten Spielenden im Selbstbericht das Krankheitsbild erfüllten.[9] Weiteres Beispiel gefällig? Auch die Schattenseiten der Smartphone-Technologie durch Dauerablenkungen im Bereich Arbeit[10] oder bei Teilnahme am Straßenverkehr[11] sind zweifelsohne gut wissenschaftlich dokumentiert. Trotzdem gilt für Forschende die Maxime, Alltagshandlungen nicht vorschnell zu pathologisieren und moralische Panik zu vermeiden. Dabei hilft eine wissenschaftliche Betrachtung gesellschaftlicher Reaktionen auf die Einführung neuer Technologien. Besonders der Sisyphos-Zyklus ist in diesem Zusammenhang erhellend.

Über moralische Panik und den Sisyphos-Zyklus

Der Sisyphos-Zyklus beschreibt die sich gleichenden Reaktionen von Gesellschaft, Politik und Wissenschaft auf die Einführung neuer Technologie. Eine wissenschaftliche

---

[8] https://www.who.int/news-room/questions-and-answers/item/addictive-behaviours-gaming-disorder
[9] Pontes, H. M., Schivinski, B., Kannen, C., & Montag, C. (2022). The interplay between time spent gaming and disordered gaming: A large-scale worldwide study. *Social Science & Medicine*, *296*, 114721.
[10] Duke, É., & Montag, C. (2017). Smartphone addiction, daily interruptions and self-reported productivity. *Addictive Behaviors Reports*, *6*, 90–95.
[11] Mourra, G. N., Senecal, S., Fredette, M., Lepore, F., Faubert, J., Bellavance, F., ... & Léger, P. M. (2020). Using a smartphone while walking: The cost of smartphone-addiction proneness. *Addictive Behaviors*, *106*, 106346.

Arbeit von Amy Orben[12] weist darauf hin, dass wir im Angesicht neuer Technologien immer wieder in die gleiche Falle der sogenannten moralischen Panik tappen. Mit moralischer Panik ist gemeint, dass die Einführung einer Technologie die Ordnung einer Gesellschaft infrage stellt und die Technologie damit gefährlich erscheint. Was hat das mit Sisyphos zu tun?

Die Sage um Sisyphos ist sicherlich den meisten Lesenden bekannt. Sisyphos wurde in der griechischen Sagenwelt von den Göttern zur Rechenschaft gezogen (über die Gründe wird spekuliert) und muss nun als ewige Strafe einen großen Stein einen Berg hochrollen. Jedes Mal, wenn er es fast geschafft hat, rollt der Stein wieder den Berg hinunter und Sisyphos beginnt mit seiner Arbeit erneut am Fuß des Berges. Sisyphos weist uns in unserem Kontext also auf den wiederkehrenden Charakter der moralischen Panik hin.

Wie bereits am Beispiel der Elektrizität gezeigt wurde, kann man die Uhr danach stellen, dass bei Aufkommen einer bedeutsamen neuen Technologie viele Menschen in einen Zustand moralischer Panik verfallen. Eine Ursache für diese moralische Panik ist sicherlich ein Gefühl von Hilflosigkeit im Angesicht einer scheinbar übermächtigen Technologie. Die Hilflosigkeit mag gegenüber der KI besonders ausgeprägt sein, weil sie besonders schwer zu fassen ist.

Nun zum ablaufenden Zyklus nach der oben genannten Arbeit von Amy Orben: Die entstehende moralische Panik wird durch politische Entscheidungstragende gerne als Thema instrumentalisiert, um sich mit markigen Sprüchen profilieren zu können. Hierbei geraten häufig vulnerable Gruppen wie Kinder oder alte Menschen in den

---

[12] Orben, A. (2020). The Sisyphean cycle of technology panics. *Perspectives on Psychological Science, 15*(5), 1143–1157.

Vordergrund, von denen man ausgeht, dass sie besonders vor der neuen Technologie geschützt werden müssen. Aus Sicht der politisch Handelnden mag der folgende Hintergedanke eine Rolle spielen: Der Schutz von Kindern und von anderen besonders schützenswerten Gruppen ist doch immer etwas Sinnvolles! Wer dort klare Kante zeigt, hat viel zu gewinnen und kann als politisch Entscheidender oder Entscheidende auch von anderen gesellschaftlichen Missständen ablenken.

Als Lösung für Probleme mit der neuen Technologie werden im Verlauf des Sisyphos-Zyklus Forschungsgelder für Wissenschaftler und Wissenschaftlerinnen locker gemacht. Die Wissenschaft soll nun herausarbeiten, was es mit der Wirkung der Technologie genau auf sich hat. Wissenschaftliches Arbeiten dauert aber seine Zeit und die Technologie verbreitet sich währenddessen immer weiter. Schließlich haben sich Menschen an die neue Situation angepasst, und schon steht eine neue Technologie vor der Haustür, um die man sich zu kümmern hat. Der Zyklus geht im Angesicht der neuesten Technologie von vorne los.

Nun soll der beschriebene Zyklus von Amy Orben meines Erachtens nicht so verstanden werden, dass alle Ängste und Befürchtungen als Reaktion auf neue Technologien unzutreffend sind. Und nicht jede politisch handelnde Person wird mit berechnenden Absichten unterwegs sein. Ich sprach bereits oben davon, dass die aktuell kontrovers diskutierten sozialen Medien, Computerspiele etc. klar zu benennende Schattenseiten mit sich bringen. Allerdings ist es wichtig, eine nuancierte Technik-Folgeschätzung vorzunehmen. Es ist in der Regel nicht so, dass eine Technologie per se gut oder schlecht ist. Für eine nuancierte Betrachtungsweise muss berücksichtigt werden, über welche Gruppierung von Nutzenden wir sprechen, wie die Technologie genutzt wird und mit welchem Ziel sie eingesetzt wird. Zusätzlich scheinen Menschen auch im Angesicht einer neuen Technologie zu *über*schätzen, wie schnell sich diese Technologie verbreitet. Denn nicht alle Technologien haben sich so schnell wie das Smartphone verbreitet. Ein weiterer Blick in die Geschichte ist hier hilfreich.

Was uns Traktoren über die Geschwindigkeit der anstehenden KI-Welle verraten

Im englischsprachigen Economist wurde kürzlich die Geschichte der Traktoren aufgearbeitet.[13] So findet sich im Artikel die Information, dass im Jahr 1915 die ersten Traktoren beworben wurden. Damals handelte es sich bei Traktoren um eine aufsehenerregende neue Technologie. Bis zu diesem Zeitpunkt mussten sich Landwirte mit Pferden abgeben, die mühsam das Feld bestellten. Im Unterschied zum Traktor können Pferde krank werden. Zudem müssen sie regelmäßig gefüttert und gepflegt werden. Ein Traktor versprach also großen Fortschritt.

Wie lange hat es dann gedauert, bis der Traktor die Pferde auf dem Feld abgelöst hat? Man würde denken, dass dieser Prozess aufgrund der Vorteile sehr schnell abgelaufen ist. Tatsächlich dauerte es aber sehr lange, bis das Pferd von den Feldern verschwunden ist. Waren in den 1920er-Jahren noch knapp 25 Mio. Pferde im Einsatz (und so gut wie keine Traktoren), dauerte es bis in die 1960er-Jahre hinein, bis der Traktor das Pferd auf den Feldern so gut wie abgelöst hatte.

---

[13] https://www.economist.com/christmas-specials/2023/12/20/a-short-history-of-tractors-in-english

Warum dauerte dieser Prozess so lange? Folgt man dem Artikel im Economist so verstrich einiges an Zeit, bis aus den ersten Traktoren, die sehr unflexible große Maschinen waren, besser einsetzbare Gerätschaften wurden. Das Produkt Traktor musste also erst mal ausreifen. Weiterhin muss für die Umstellung von menschlicher Arbeitskraft auf die Traktor-Technologie berücksichtigt werden, wie „günstig" damals menschliche Arbeitskraft gewesen ist. Dagegen stand die teure Anschaffung eines Traktors. Gerade zur Zeit der großen Depression gab es im letzten Jahrhundert eine Heerschar williger Arbeitskräfte, die das Festhalten an menschlichen Arbeitskräften noch längere Zeit begünstigte.

Zudem zeigte sich, dass sich die Betriebe erst auf die neue Technologie einstellen mussten. Es stellte sich nämlich heraus, dass Traktoren ihre Produktivität am besten auf großen Landgütern entfalten. Das heißt, die Landwirte mussten expandieren, um die Traktor-Technologie wirklich gewinnbringend einsetzen zu können.

Was bedeuten diese historischen Erkenntnisse für die KI-Revolution? Wenn ich in den sozialen Medien täglich die neuen Fortschritte der KI verfolge, scheint es so zu sein, dass die KI-basierten Veränderungen unglaublich schnell kommen und es richtig schwer ist, mit den rasanten Entwicklungen Schritt zu halten. Ich vergesse dabei aber zu schnell, dass die meisten Organisationen in der Arbeitswelt deutlich behäbiger agieren als die Tech-Industrie Produkte entwickelt. Zudem verlangsamen auch juristische Unwägbarkeiten – wie rund um Eigentumsrechte von Daten – den Siegeszug der KI. Beispielsweise wehren sich nun renommierte Medienhäuser, wie die New York Times, mit Klagewellen gegenüber der KI-Industrie (z. B. Open AI). Sie äußern die Befürchtung, dass ihre Texte oder andere Erzeugnisse für das Training von LLMs verwendet wurden, sie aber keine Entlohnung dafür bekommen haben.[14] Ähnliche juristische Probleme zeigen sich auch in anderen Bereichen, beispielsweise der Musikindustrie.[15]

Die KI-Welle wird sich dadurch aber lediglich etwas verlangsamen und wir müssen uns schon jetzt auf die Veränderungen durch die anstehende KI-Revolution einrichten. Anstatt des einzigen großen KI-Big-Bangs werden wir wohl mehr eine schleichende Eroberung der Welt durch die KI sehen. Und diese Eroberung hat längst begonnen.

Ausblick auf die Teile 2–4 in diesem Buch

Mit der KI kündigt sich eine neue Technologie in der Menschheitsgeschichte an, die zu großen Veränderungen führen wird. Um die Art der anstehenden Veränderungen besser zu verstehen, wird in den folgenden Teilen dieses Buches erläutert, warum Menschen Ängste oder sogar Furcht gegenüber neuen Technologien entwickeln. Dabei wird in dem folgenden Teil 2 dieses Buches herausgearbeitet, welche psychologischen Mechanismen uns im Weg stehen, eine positive Haltung gegenüber KI zu entwickeln. In Teil 3 wird dann ein von mir erarbeitetes Rahmenwerk mit zentralen Faktoren vorgestellt, das dabei unterstützen kann, die richtige Haltung gegenüber KI zu entwickeln. Im abschließenden Teil des Buches werden wir dann darüber nachdenken, wie KI-Systeme entstehen können, die uns Menschen wirklich dienen. Durch die unterschiedlichen

---

[14] https://www.reuters.com/legal/litigation/openai-defeats-news-outlets-copyright-lawsuit-over-ai-training-now-2024-11-07/

[15] https://www.theverge.com/2024/6/24/24184710/riaa-ai-lawsuit-suno-udio-copyright-umg-sony-warner

Teile des Buches zeigt sich damit auch, wie die Psychologie durch das Schaffen von Wissen aus ganz unterschiedlichen Perspektiven bei dem Meistern der Herausforderungen rund um die Einführung der KI in unseren Gesellschaften helfen kann.

Teil II

Warum Menschen KI mit Skepsis begegnen

3

Das unheimliche Tal

Eine romantische Gruselgeschichte

Die beiden Studenten Ludwig und Ferdinand sind sich zunächst uneinig, ob sie dem „sprechenden Türken" in einer Galerie einen Besuch abstatten wollen. Der sprechende Türke ist ein aufregender neuer Automat, der das Stadtgespräch dominiert. Es heißt, wenn man diesem Automaten im türkischen Gewand eine Frage in sein rechtes Ohr flüstert, dass dieser zu erstaunlichen Antworten kommt.

Ludwig zögert, den redenden Automaten aufzusuchen. „Mir sind", sagte Ludwig, „alle solche Figuren, die dem Menschen nicht sowohl nachgebildet sind, als das Menschliche nachäffen, diese wahren Standbilder eines lebendigen Todes oder eines toten Lebens, im höchsten Grade zuwider. Schon in früher Jugend lief ich weinend davon, als man mich in ein Wachsfigurenkabinett führte, und noch kann ich kein solches Kabinett betreten, ohne von einem unheimlichen grauenhaften Gefühl ergriffen zu werden."[1] Trotz der Befürchtungen überwiegt aber doch die Neugierde der beiden Studenten. Ludwig und Ferdinand statten dem sprechenden Türken einen Besuch ab.

In der Residenz des sprechenden Türken angekommen, fragt Ferdinand flüsternd den Sprechautomaten über den Verbleib seiner heimlichen Geliebten. Und da kommt es zu einer unheimlichen Prophezeiung durch den Automaten. Die Maschine orakelt, dass Ferdinand bei einem zukünftigen Wiedersehen seine Geliebte verloren haben wird.

Wie diese klassische Geschichte aus dem Genre der schwarzen Romantik mit dem Namen „Die Automate" aus dem Jahr 1814 von E. T. A. Hoffmann ausgeht, will ich hier nicht verraten. Der deutsche Romantiker hat sich in seiner Erzählung aber mit Sicherheit von dem Automaten „Schachtürken" inspirieren lassen, der Menschen in den 1770er-Jahren vorgaukelte, dass eine Maschine im Gewand eines Türken Menschen im Schach besiegen kann. Schon früh zeigte sich hier die Faszination der Begegnung von Mensch und Maschine. Später stellte sich heraus, dass sich in der Schachmaschine, die von Wolfgang von Kempelen gebaut wurde, ein Mensch verbarg, der die Schachzüge des „Schachtürken" steuerte.[2] Der Schachtürke hat vor wenigen Jahren auch durch den US-Konzern Amazon neue Berühmtheit erlangt. Über den nach ihm benannten Dienst „Mechanical Turk" werden Clickworker aller Art – gerne auch zum Labeln von Daten, die für das Trainieren von KI-Systemen gebraucht werden – zu oftmals sehr schlechten Stundenlohn gebucht …[3]

---

[1] https://www.projekt-gutenberg.org/etahoff/serapion/serap331.html
[2] https://de.wikipedia.org/wiki/Schachtürke
[3] https://www.unite.ai/amazon-mechanical-turk-pays-less-than-40-of-us-minimum-wage-research-suggests/

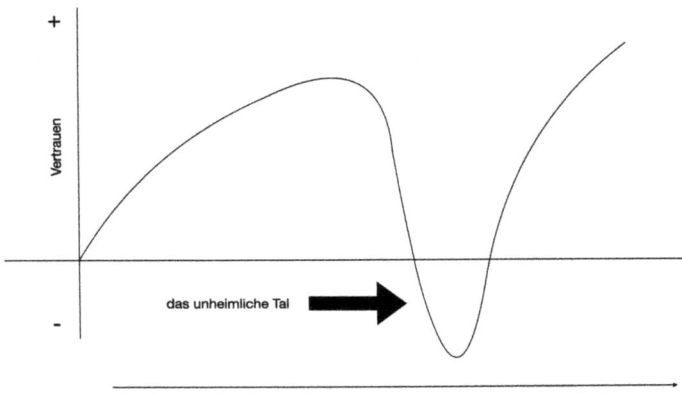

Abb. 3.1 Das unheimliche Tal in der KI-Forschung. Der Sprechautomat aus der Geschichte E. T. A. Hoffmanns würde in dem U-Bereich der Funktion im Minusbereich zu finden sein (angelehnt an Mori, MacDorman & Kageki (2012), in der Originalarbeit lauten die Achsen Affinity und Human Likeness)[5]

Durch das unheimliche Tal

Wie überraschend modern Hoffmanns Geschichte aus dem Jahr 1814 in unserem KI-Zeitalter ist, zeigt sich anhand eines lebhaften Forschungszweigs im Bereich der Robotik, der ebenfalls von der KI-Welle profitiert. Etwas mehr als 150 Jahre nach der Geschichte Hoffmanns veröffentlichte der japanische Roboterforscher Masahiro Mori einen wissenschaftlichen Aufsatz,[4] in dem er das Konzept des unheimlichen Tals vorstellte. Wie sich in Abb. 3.1 zeigt, geht Mori in seinem theoretischen Modell davon aus, dass

---

[4] Mori, M. (1970). The uncanny valley. *Energy*, *7*(4), 33–35. (in Japanese).
[5] Mori, M., MacDorman, K. F., & Kageki, N. (2012). The uncanny valley. *IEEE Robotics & Automation Magazine*, *19*(2), 98–100.

Roboter mit zunehmenden Grad an Menschenähnlichkeit positivere Gefühle in uns auslösen. Seiner Idee nach sollte beispielsweise ein Spielzeug-Roboter mehr gemocht werden als ein Industrie-Roboter. Eine Bunraku-Puppe soll nach Moris' Vorstellung dann sogar noch ein bisschen mehr von Menschen gemocht werden als ein Spielzeugroboter. Es handelt sich bei der japanischen Bunraku-Puppe um eine Theater-Puppe, die von mehreren Menschen zeitgleich gesteuert wird. Zwischen diesem linearen Anstieg – je menschenähnlicher, desto mehr positive Gefühle (oder genauer Affinität, wie es in der Forschung von Mori heißt) – liegt seiner Auffassung nach das unheimliche Tal. In seiner Originalarbeit illustriert er dieses unheimliche Tal unter anderem anhand des Beispiels einer Handprothese, deren Betrachtung Unbehagen bei den Betrachtenden auslöst. Ein noch drastischeres Beispiel für die in dem unheimlichen Tal liegenden Kreaturen wären Untote (Zombies), die menschenähnlich aussehen, aber auf den Betrachtenden sehr unheimlich wirken.

Die Idee des unheimlichen Tals lautet mit anderen Worten: Betrachtet man einen Gegenstand, der stark einem Menschen ähnelt, aber gerade noch als nicht menschlich enttarnt wird, so stellt sich der Effekt des unheimlichen Tals ein. Das damit einhergehende Gefühl hat der Student Ludwig in E. T. A. Hoffmanns Geschichte treffend geschildert.

Über die Existenz des unheimlichen Tals und das Kategorisierungsproblem

Eine Gruppe von Forschenden aus Finnland hat sich 45 Jahre nach der Veröffentlichung des theoretischen Aufsatzes von Masahiro Mori daran gemacht, die empirische

Literatur über das unheimliche Tal zusammenzufassen.[6] Dabei überprüften sie mehrere Annahmen von Moris' Theorie. Unter anderem wollten die Forschenden wissen, ob mehr Menschenähnlichkeit von KI-Systemen tatsächlich zu mehr Zuneigung (Affinität) aufseiten der Studienteilnehmenden führen würde. In diesem Kontext wollte man vor allen Dingen wissen, ob das aufkommende Unbehagen im unheimlichen Tal aufgrund eines „Kategorisierungsproblems" entsteht. Damit ist gemeint, dass das Unbehagen im unheimlichen Tal aus der Unterscheidung Mensch versus Maschine resultiert. Oder frei nach dem Motto: Puh, fast wäre ich auf die Maschine reingefallen! Es ist eine Maschine, kein Mensch!

Zu den Ergebnissen der Übersichtsarbeit aus Finnland: Tatsächlich konnte beobachtet werden, dass menschenähnlichere Gegenstände zu mehr Affinität führten. Menschen scheinen also Gegenstände lieber zu mögen, die ihnen optisch gleichen. Interessanterweise konnte aber das unheimliche Tal (zunächst) nicht beobachtet werden. Warum? Wahrscheinlich liegt das daran, dass in der besagten Übersichtsarbeit solche Studien, in denen Kreaturen wie Zombies gezeigt wurden, überhaupt nicht in der Analyse berücksichtigt wurden. Die Forschenden klammerten solche Studien aus einer weiteren Bewertung aus, da für sie ein Zombie per se Ekel oder Furcht auslösen. Damit überschattet der Zombie mit seinen gruseligen Eigenschaften die Frage nach dem einfachen Kategorisierungsproblem.

Die Forschenden setzten sich also zum Ziel herauszuarbeiten, ob das unheimliche Tal auch jenseits stark negativ

---

[6] Kätsyri, J., Förger, K., Mäkäräinen, M., & Takala, T. (2015). A review of empirical evidence on different uncanny valley hypotheses: support for perceptual mismatch as one road to the valley of eeriness. *Frontiers in Psychology*, 6, 390.

besetzter Reize – wie einem Zombie oder einer Handprothese – zu beobachten sein würde. Festzuhalten ist, dass in den übrig gebliebenen Studien das unheimliche Tal im Sinne des Kategorisierungsproblems nicht entdeckt wurde. Ein mögliches Beispiel: Das einfache Betrachten von Bildern, auf denen künstliche Gesichter schrittweise immer mehr Menschen ähneln, löst dann kein Unbehagen aus.

Die Mismatch-Perception-Hypothese und das unheimliche Tal

In der Übersichtsarbeit aus Finnland finden sich also keine Hinweise darauf, dass ein schlichtes Kategorisierungsproblem zum unheimlichen Tal führt. Anders sieht es aus, wenn wir die sogenannte Mismatch-Perception-Hypothese heranziehen. Man könnte sich das wie folgt vorstellen: Wenn beispielsweise menschliche Gesichter mit Roboteraugen versehen werden oder Robotergesichter mit menschlichen Augen, könnte auf diese Weise Unbehagen aufseiten der Betrachtenden erzeugt werden. In solchen Mismatch-Perception-Experimenten bricht man mit den Erfahrungen der Studienteilnehmenden, die ja ein Wissen darüber haben, wie ein Roboter oder ein Mensch aussieht.

Wie zentral Gesichter und vielleicht besonders die Augenpartien für das Phänomen des unheimlichen Tals sind, zeigte sich auch in Studien, in denen die Hirnaktivität von Studienteilnehmenden aufgezeichnet wurde, und zwar während sie menschliche oder künstliche Gesichter betrachteten.[7] Während die Studienteilnehmenden die

---

[7] Vaitonytė, J., Alimardani, M., & Louwerse, M. M. (2023). Scoping review of the neural evidence on the uncanny valley. *Computers in Human Behavior Reports*, *9*, 100263.

menschlichen Gesichter betrachteten, wurde das Hirnareal mit dem Namen „Gyrus Fusiformis" stärker aktiviert als beim Betrachten von künstlichen Gesichtern. Es ist bekannt, dass dieses Hirnareal besonders bei der Verarbeitung von Gesichtern eine Rolle spielt.

Was wurde noch beobachtet? Wenn die Studienteilnehmenden die Aufgabe bekamen, über das Gegenüber in Form eines echten versus künstlichen Menschen nachzudenken, zeigten sich unterschiedliche Reaktionen des Gehirns. Dies untermauert, dass echte versus künstliche Menschen von unserem Gehirn anders wahrgenommen werden.

Zusammenfassend: Die Idee des unheimlichen Tals hat etwas für sich

Auch wenn die Studienlage deutlich macht, dass das unheimliche Tal nur unter bestimmten Bedingungen zu beobachten ist, wird doch klar, dass die Gefühlswelt des Romantikers E. T. A. Hoffmann sowie die Überlegungen von Masahiro Mori aus Japan etwas Wahres zeigen. Hier und da kann uns das Unbehagen beschleichen, wenn wir mit Maschinen konfrontiert werden, die menschenähnliche Merkmale haben, die aber nicht zu ihnen passen.

Mich beschlich übrigens kürzlich beim Betrachten eines Androiden etwas Unbehagen, den ein weiterer Japaner mit dem Namen Hiroshi Ishiguro entwickelt hat. Skurrilerweise wurde Herr Ishiguro dafür bekannt, dass er sich selbst als Androiden erschuf. Es ist schon merkwürdig, Bilder von Hiroshi Ishiguro gemeinsam mit seinem androiden Zwilling zu sehen.

In einem lesenswerten Biopic über Hiroshi Ishiguro in dem internationalen Technik-Fachblatt Wired erfährt man auch, dass sich der KI-Forscher durch seinen eigenen androiden Zwilling unter Druck gesetzt fühlt, möglichst wenig zu altern. In Anbetracht seines nicht-alternden Androiden merkt Herr Ishiguro wie der Zahn der Zeit an ihm nagt. Möglicherweise ist dies eine Situation, die ein wenig damit vergleichbar ist, wenn wir uns alte Fotos von uns selbst anschauen.

Vielleicht hat sich Herr Ishiguro sogar hin und wieder vor seinem eigenen nicht älter werdenden Antlitz gegruselt?[8]

---

[8] https://www.wired.com/2017/10/hiroshi-ishiguro-when-robots-act-just-like-humans/

4

Das Licht in der dunklen Kiste

Über Epimetheus und Pandora

In der Hamburger Kunsthalle befindet sich eine kleine Zeichnung von Paolo Farinati aus der Renaissance.[1] Darauf ist das Ehepaar Epimetheus und Pandora zu sehen. Pandora hält eine Büchse in der Hand. Epimetheus hat sie gerade geöffnet.

Der bekannten Szene geht eine längere Geschichte voraus: Epimetheus' Bruder Prometheus widersetzte sich dem Willen des Göttervaters Zeus, indem er einen Fenchelstengel an dem Sonnenwagen des Helios anzündete und den Menschen damit das Feuer brachte. Als Racheakt ließ Zeus Pandora als Schönheit aus Lehm formen und gab ihr eine Büchse mit auf den Weg. Trotz der Warnung seines Bruders verfiel Epimetheus der schönen Pandora und

---

[1] https://online-sammlung.hamburger-kunsthalle.de/de/objekt/21196/epimetheus-oeffnet-die-buechse-der-pandora

nahm sie sogar zur Frau. Das Gemälde zeigt nun den berühmten Moment, in welchem Pandora ihrem Mann die Büchse anbietet, die Zeus zuvor präpariert hat. Durch das Öffnen der Büchse kommt Unheil und Tod über die Menschen.

Auf dem Bild von Farinati aus dem Jahr 1584/1589 ist zu sehen, dass Epimetheus der geschlossenen Büchse nicht widerstehen kann. Prometheus im Himmelsgestirn wendet sich ab. Alles zu spät!

In dem klassischen Bild zeigt sich meines Erachtens die Konsequenz der menschlichen Neugierde. Wir wollen schlichtweg wissen, was sich im Verborgenen befindet. Und das ist in vielerlei Hinsicht auch eine gute Eigenschaft, die uns Mutter Natur über einen langen evolutionären Prozess geschenkt hat. Ohne Neugierde und den Wunsch, Sachverhalte zu durchdringen, würden wir noch in der Höhle sitzen. Im Zeitalter der KI stellt sich aber nun die Frage, ob wir die Rolle des Prometheus einnehmen, der seinen Bruder vor Pandora warnte. Prometheus heißt passenderweise übersetzt der Vorausdenkende. Wollen wir also vorausdenken, um zu verstehen, wie KI-Systeme funktionieren, und bei Weiterentwicklung dieser Systeme gegebenenfalls Schaden anrichten (oder abwenden)? Oder sind wir eher dem Epimetheus zugeneigt, also dem zu spät Bedenkenden, und geben uns damit ab, die Ergebnisse einer KI einfach so hinzunehmen?

Die Geschichte um Pandoras Büchse können wir zum Anlass nehmen, um uns folgende Fragen zu stellen: Wollen wir Licht in das Dunkel der Büchse von Pandora bringen, indem wir versuchen, die KI besser zu verstehen? Dafür würden wir die Büchse möglichst tiefgehend untersuchen, um besser zu erfassen, was uns nach dem Öffnen wirklich erwartet. Die KI wäre damit selbst nicht das Unheil, sondern nur eine solche KI, die nicht verstanden wird und zeitgleich Unheil anrichtet. Oder müssen wir es anders sehen: nämlich, dass bereits mit dem Erschaffen der KI Pandoras Büchse unwiederbringlich geöffnet worden ist?

Ich persönlich glaube nicht, dass Pandoras Büchse durch das Erschaffen von KI-Systemen geöffnet worden ist. Allerdings scheint es mir schon wichtig zu sein, Licht in die Arbeitsweisen einer KI zu bringen, und dafür eignet sich die Idee einer „erklärenden KI" (englisch: eXplainable AI: XAI), die nun in den Fokus rückt.

Die Bedeutsamkeit einer erklärenden KI ist abhängig vom Anwendungsbereich

Tatsächlich zeigen einige Forschungsarbeiten, dass der Einsatz einer XAI die Arbeitsweise einer KI besser verständlich machen kann und unter manchen Bedingungen sogar für mehr Vertrauen in KI-Systeme sorgt.[2] Stellen wir uns kurz vor, eine KI entscheidet darüber, ob Sie zu einem Vorstellungsgespräch für einen neuen Job eingeladen werden, und die Einladung erfolgt leider nicht. Wollen Sie dann nicht genau wissen, warum der Algorithmus aufgrund Ihrer Bewerbungsunterlagen oder eines kurzen Gesprächs mit einem Chatbot die Entscheidung so gefällt hat? Zum einen würden Sie dadurch erfahren, ob Sie aus nachvollziehbaren Gründen keine Einladung zum Vorstellungsgespräch bekommen haben. Zum anderen lässt sich aus dem Feedback der KI möglicherweise etwas für Ihre

---

[2] Weitz, K., Schiller, D., Schlagowski, R., Huber, T., & André, E. (2019, July). „Do you trust me?" Increasing user-trust by integrating virtual agents in explainable AI interaction design. In *Proceedings of the 19th ACM International Conference on Intelligent Virtual Agents* (pp. 7–9).

de Brito Duarte, R., Correia, F., Arriaga, P., & Paiva, A. (2023). AI Trust: Can Explainable AI Enhance Warranted Trust?. *Human Behavior and Emerging Technologies, 2023*(1), 4637678.

nächsten Bewerbungen lernen. Das Szenario ist übrigens nicht unrealistisch. KI-Systeme werden bereits heute zur Personalauswahl eingesetzt.[3]

Um den XAI-Themenkomplex besser zu verstehen, befragten wir Studienteilnehmende, für wie bedeutsam sie eine sich erklärende KI in unterschiedlichen Anwendungsbereichen einschätzten.[4] Welche Anwendungsbereiche haben wir in unserer Studie berücksichtigt? Und was ist in unserer Studie herausgekommen?

Bereits jetzt basieren die sozialen Medien auf KI-Algorithmen, um den Newsfeed mit personalisierten Nachrichten zu bestücken. Dementsprechend fragten wir die Studienteilnehmenden, wie wichtig für sie eine Erklärung der KI über den Auswahlprozess der Nachrichten wäre. In einem zweiten Szenario wollten wir erfahren, inwieweit die Studienteilnehmenden bei der Nutzung einer Smartphone-App zum Hautkrebs-Screening eine erklärende KI über die diagnostische Vorgehensweise als wichtig erachteten. In einem dritten Szenario illustrierten wir schließlich, dass die Höhe einer Versicherungspolice – beispielsweise für das eigene Auto – durch eine KI berechnet wird. Wie würde es hier mit dem Wunsch aussehen, eine Erklärung für ein präsentiertes Ergebnis der KI zu bekommen?

In Abb. 4.1 sind die Mittelwerte für die drei Szenarien unserer Studie dargestellt. Auf einer Skala von 0–10 sieht man, dass die Studienteilnehmenden im Durchschnitt in allen drei Szenarien dazu neigten, eher eine Erklärung haben zu wollen (Werte > 5, wobei 5 in der Skala den Neutralpunkt darstellt). Höhere Werte auf der Skala stehen

---

[3] https://insighto.ai/blog/automate-your-hiring-process-with-voice-ai-in-hr-management/

[4] Liebherr, M., Gößwein, E., Kannen, C., Babiker, A., Al-Shakhsi, S., Staab, V., Li, B. J., Ali, R., & Montag, C. (2025). Working Memory and the Need for XAI – Insights from Healthcare, Social Media and Insurance. *Heliyon, 11(2),* e41871.

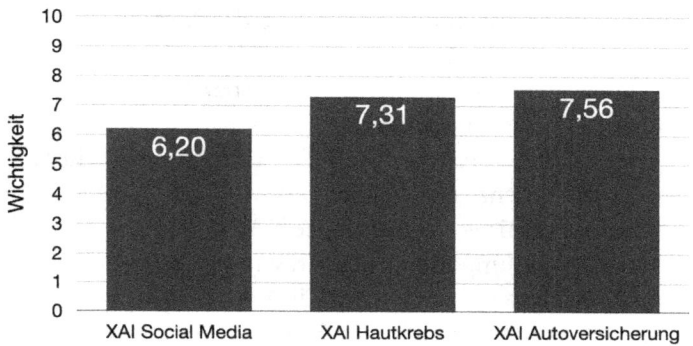

Abb. 4.1 Wichtigkeitsschätzungen für eine sich erklärende KI in drei unterschiedlichen Szenarien (XAI = eXplainable AI, eine KI, die den Weg zu einem Ergebnis erklärt); modifiziert nach Liebherr et al. (2025)

dabei für eine größere Wichtigkeit einer solchen KI-Erklärung. Allerdings zeigte sich auch eine klare Bereichsabhängigkeit. Für das Szenario Hautkrebs und Autoversicherung wurde die Wichtigkeit als deutlich stärker eingeschätzt als für das Social-Media-Szenario. Es zeigt sich also in den Daten unserer Studie, dass je stärker die Szenarien die Studienteilnehmenden selbst betrafen (eigenes Geld, eigene Gesundheit), desto bedeutsamer auch die Wichtigkeitsschätzungen einer sich erklärenden KI ausfielen.

Nicht alle Menschen schätzen die Wichtigkeit einer sich erklärenden KI gleich ein

Die Daten aus der gerade dargestellten Studie zeigen zweierlei. Erstens: Über die Szenarien hinweg neigen Menschen durchschnittlich dazu, erklärende KI-Systeme als (eher) wichtig zu erachten – möglicherweise weil dies zu mehr Transparenz führt und damit das Vertrauen in ein KI-System erhöht. Zweitens: Die Wichtigkeitsschätzungen sind aber auch von dem Anwendungsbereich abhängig, in dem ein KI-System operiert.

Jenseits dieser ersten Einblicke wird es nicht überraschen, dass nicht alle Nutzenden von KI-Systemen das gleiche Bedürfnis verspürten, eine XAI in den unterschiedlichen Anwendungsbereichen präsentiert zu bekommen. Die beobachteten Unterschiede in den Wichtigkeitsschätzungen zwischen Menschen mögen vielleicht auch mit den eigenen kognitiven Fähigkeiten zu tun haben. Passend zu diesem Gedanken berichtete eine Studie, dass Menschen mit weniger kognitiven Fähigkeiten dazu neigten, mehr Vertrauen in automatisch arbeitende Systeme zu haben, möglicherweise um den Mangel an eigenen Fähigkeiten auf eine einfache Art und Weise auszugleichen.[5] Dies könnte dann zur Folge haben, dass sich Menschen zu sehr auf ein KI-System verlassen (in der englischsprachigen Literatur spricht man hier von „Over-Reliance"). Eine solche Over-Reliance wäre schnell erreicht, wenn ein KI-System falsche Entscheidungen trifft oder zu falschen Ergebnissen kommt. Wie gelingt es, genau das zu vermeiden? Neben einer kompetent arbeitenden KI werden sinnvolle Erläuterungen der KI über die eigene Arbeitsweise Menschen dabei helfen, richtig einzuschätzen, was die KI kann oder eben auch nicht kann. Zumindest in manchen Situationen würden wir so aufgefordert, selbst nachzudenken und die Arbeit zu übernehmen. Dies könnte in Teilen auch dem Problem vorbauen, dass Menschen sich in Zukunft zu wenig geistig anstrengen, weil es so einfach geworden ist,

---

[5] Rovira, E., Pak, R., & McLaughlin, A. (2017). Effects of individual differences in working memory on performance and trust with various degrees of automation. *Theoretical Issues in Ergonomics Science*, *18*(6), 573–591.

eine KI die anstrengende Denkarbeit machen zu lassen. Besteht die Gefahr einer Verblödung, weil wir zu wenig kritisches Denken üben?[6]

XAI, ja bitte! Aber wie?

XAI ist in der KI-Forschungsgemeinschaft momentan in aller Munde. Aber es ist überhaupt nicht trivial, KI-Systeme mit einer sinnvoll arbeitenden XAI zu versehen.

Wie bereits bekannt, geben XAI-Systeme einen Einblick in die Arbeitsweise einer KI. Zugegebenermaßen ist das eine sehr vereinfachte Darstellung der Aufgaben einer XAI. Elaborierter fassen es die beiden Autoren David Gunning und David W. Aha im Rückgriff auf die US-Organisation DARPA[7] zusammen, indem sie schreiben: „DARPA defines explainable AI as AI systems that can explain their rationale to a human user, characterize their strengths and weaknesses, and convey an understanding of how they will behave in the future"[8] (S. 44). Diese Definition haben Lindsay Sannemann und Julie A. Shah[9] als Grundlage für ihr SAFE-AI-Rahmenwerk genommen, um damit herauszuarbeiten, wie eine zuverlässige XAI gebaut werden kann. SAFE-AI steht dabei für das *Situation*

---

[6] George, A. S., Baskar, T., & Srikaanth, P. B. (2024). The erosion of cognitive skills in the technological age: How reliance on technology impacts critical thinking, problem-solving, and creativity. *Partners Universal Innovative Research Publication, 2*(3), 147–163.

[7] Defense Advanced Research Projects Agency; amerikanische Behörde für Rüstungsforschung.

[8] Gunning, D., & Aha, D. (2019). DARPA's explainable artificialintelligence (XAI) program. *AI Magazine*, 40(2), 44-58.

[9] Sanneman, L., & Shah, J. A. (2022). The situation awareness framework for explainable AI (SAFE-AI) and human factors considerations for XAI systems. *International Journal of Human–Computer Interaction, 38*(18–20), 1772–1788.

Awareness Framework for Explainable AI. Ziel des Rahmenwerkes ist es, die Entwicklung von XAI-Systemen zu unterstützen, die verständliche Erklärungen für drei große Fragenkomplexe in puncto KI hervorbringen. Die Leitfragen lauten dabei: Was? Warum? Und: Was wenn?

Mit der *Was-Frage* soll bei der Entwicklung einer XAI überprüft werden, inwiefern diese die eingehenden und ausgehenden Informationen eines KI-Systems in sinnvoller Art und Weise erklärt. Machen wir das mithilfe eines Beispiels etwas anschaulicher. Dieses Beispiel werde ich dann auch fortspinnen, um die übrigen *Warum*- und *Was-wenn-Fragen* zu illustrieren.

Über drei Leitfragen zur XAI-Entwicklung

Wir befinden uns im Behandlungszimmer einer Neurologin. Ein Patient klagt über wiederkehrende Kopfschmerzen, die ihm stark zu schaffen machen. Um eine Diagnosestellung zu unterstützen, war er bereits im Magnetresonanztomografie-Scanner (MRT-Scanner). Dort wurde ein hochauflösendes Bild von der Struktur seines Gehirns aufgenommen. Die Ärztin schaut sich das MRT-Bild an, runzelt ein wenig mit der Stirn und scheint etwas auf dem MRT-Scan auszumachen. Zur Sicherheit möchte sie aber auch die KI als unabhängigen Experten hinzuziehen. Die KI bekommt von der Ärztin die Aufgabe, auf dem MRT-Scan nach einem Tumor zu suchen, um die Diagnose „Tumor ist da" versus „Tumor ist nicht da" zu treffen. Kommt die KI zum selben Ergebnis wie die Neurologin beim Betrachten des MRT-Bildes?

Die XAI würde im Rahmen der *Was-Frage* des SAFE-AI-Rahmenwerkes erläutern müssen, welche Informationen in das KI-System hineingegangen sind (Input) und was als Ausgangsvariable (Output) produziert wird. Bei der Eingangsvariable handelt es sich in unserem Beispiel vereinfacht gesprochen um das MRT-Bild. Auf diesem sieht man unter anderem die graue und weiße Substanz des Gehirns. Zusätzlich gibt es die Information, dass die MRT-Aufnahme auf einem 1.5-Tesla-Scanner gemacht worden ist. Die Tesla-Angabe gibt die Stärke des Magnetfeldes an und nimmt auch Einfluss auf die Aufnahmequalität des Bildes. Eine KI könnte also erläutern: „Es wurde mir ein MRT-Bild eines 1.5-Tesla-Scanners vorgelegt, auf dem ich die Hirnanatomie eines Menschen ausmachen kann. Das Bild gibt weiterhin Aufschluss über die graue und weiße Substanz, sowie über die Größe der Hirnventrikel." Die KI könnte auch einen Qualitätscheck der Aufnahme machen. Sind die relevanten Teile des Gehirns vollständig abgebildet? Ist das Bild unscharf, vielleicht weil der Patient im Scanner mit dem Kopf zu sehr gewackelt hat? Die XAI müsste im Rahmen der *Was-Frage* auch erläutern, wie eigentlich die genaue Aufgabe der KI lautet (hier: Tumor entdecken). Die KI fährt deswegen fort: „Meine Aufgabe ist es, einen Tumor auf dem MRT-Scan zu entdecken, wenn sich ein solcher auf dem Bild finden lässt." Wenn die XAI richtig gut ist, sollte diese in dem vorliegenden Fall nicht nur eine korrekte Diagnose äußern, sondern auch die Antwort auf die *Was-Frage* so verständlich formulieren, dass neben dem behandelnden Personal auch Laien der Erklärung folgen können. Im Behandlungsraum sitzen damit drei Personen, was eine neue Dynamik entwickeln kann.[10] Die Ärztin, das KI-System und der Patient.

---

[10] Kee, K. M., Schulz, P. J., & Sung, J. J. (2024). Will AI Jeopardize the Uniqueness of a Patient? Challenges for Patients' Acceptance of AI in Medicine. In *The Impact of Artificial Intelligence on Societies: Understanding Attitude Formation Towards AI* (pp. 71–86). Cham: Springer Nature Switzerland.

Kommen wir zu der zweiten Leitfrage des SAFE-AI-Rahmenwerks, also zur *Warum-Frage*. Eine Antwort auf diese Frage wäre zufriedenstellend beantwortet, wenn wir nach der Lektüre verstehen würden, wie genau die KI zu einem Ergebnis gekommen ist.

Zurück in das Behandlungszimmer: Die KI braucht einen Moment, um die große Menge an kleinteiligen Informationen auf dem MRT-Scan zu verarbeiten. Schließlich gibt das System die Diagnose aus: Es ist kein Tumor zu sehen. Sowohl die Ärztin als auch der Patient sehen die grüne Ampel auf dem Bildschirm und sind im ersten Moment erleichtert. Aber ist diese Diagnose zutreffend? Dafür ist eine plausible Antwort auf die *Warum-Frage* wichtig.

Aktuell ist es tatsächlich häufig sehr schwierig zu ergründen, wie die KI zu einem Ergebnis kommt und was sie in dem vorliegenden Fall auf dem MRT-Bild „sieht". Dies gilt besonders dann, wenn die KI auf die Lernprozesse eines tiefen neuronalen Systems (deep neural network = DNN) zurückgreift, um zu einer Entscheidung oder Diagnose zu kommen. DNNs basieren lose auf Erkenntnissen neurowissenschaftlicher Forschung, die sich mit Lernprozessen beschäftigt. Ein solches DNN wird durch viele Schichten künstlicher Neuronen repräsentiert, die unterschiedlich „feuern", wenn eine Anfrage von außen kommt. In unserem Beispiel stellt die Anfrage das Analysieren des MRT-Bildes dar.

Wann kann also wirklich Entwarnung gegeben werden? Wann kann der Patient aufatmen? Im Kontext unseres MRT-Beispiels müsste die XAI dafür treffend darstellen, aufgrund welcher Eigenschaften des radiologischen Bildes das diagnostische Ergebnis entstanden ist. Die Neurologin kann dann idealerweise aufgrund ihrer eigenen Erfahrung nachvollziehen, ob die Erklärung der XAI plausibel ist und die KI-Diagnose zu ihrer eigenen passt. Vielleicht gelingt es der KI, auch in sehr einfachen Worten zu erläutern, wie ein Tumor auf dem MRT-Scan aussehen würde und dass ein solcher eben nicht zu sehen ist. Die KI gibt im Rahmen der XAI schon mal die Hilfestellung (hier ChatGPT): „Tumorartige Veränderungen können auf bestimmten MRT-Bildern dunkler als das normale Gehirngewebe aussehen." Tatsächlich machen sowohl die Ärztin als auch der Patient einen Tumor nicht ausfindig. Puh!

Das SAFE-AI-Rahmenwerk blickt mit der letzten *Waswenn-Frage* in die Zukunft. Hier lautet die Aufgabe für die XAI, treffend darzustellen, wie sie mit einer geänderten Aufgabenstellung umgehen würde. Im Kontext unseres Beispiels rund um die radiologische Diagnostik mag das bedeuten, dass das KI-System eine zusätzliche Aufgabe bekommen könnte. Stellen wir uns unser Beispiel etwas abgewandelt vor. Die KI kommt leider zu dem Schluss, dass ein Tumor zu finden ist. Die Ärztin ist sich in ihrem Urteil unsicher, obwohl sie auch eine etwas auffällige Stelle im Bereich des präfrontalen Kortex des Gehirns ausgemacht hat. Deswegen interessiert sich die Ärztin nicht nur dafür, ob ein Tumor auf dem MRT-Scan zu finden ist, sondern auch dafür, ob die KI genau dieselbe Stelle taxiert. Gelingt es der XAI, nachvollziehbar zu erklären, wie sie mit der unterschiedlichen Aufgabenstellung zu einem überzeugenden Ergebnis kommen wird?

Die drei Leitfragen zeigen, dass ein zufriedenstellendes XAI-System vor großen Herausforderungen steht, die momentan in der Gänze von KI-Systemen noch nicht erfüllt werden. Kurzum: Es gibt viel zu tun, um Pandoras Büchse den Schrecken zu nehmen.

5

Im Angesicht der großen Welle

Drei Boote in schwerer See

Ich ärgere mich immer noch über mich selbst. Als meine Frau und ich in Tokio durch den Ueno-Park schlenderten, kamen wir am Nationalmuseum vorbei. Ich erinnere mich noch daran, dass ich nach einem langen Tag ziemlich müde war. Deswegen verspürte ich keinen großen Drang, mich noch durch ein Museum zu schleppen. Wir entschieden uns gegen den Museumsbesuch und damit auch auf das Betrachten eines Originalabzugs von einem der uns heute bekanntesten japanischen Kunstwerke.

Einige Jahre später sitze ich in meinem Büro in Köln vor einem Bildband und schaue mir die Szenerie dieses Kunstwerkes näher an. Nach etwas längerer Betrachtungszeit zähle ich drei Boote, die in schwerer See liegen. Vielleicht stehen die drei Boote in unserem KI-Zeitalter für die Ausbeutung der Erde, für die Ausbeutung von Clickworkern und die Ausbeutung von unseren Daten, wenn Sie sich an Kate Crawfords *Atlas of AI*[1] erinnern.

Auf dem Bild ist zu sehen, wie sich eine gigantische Welle bedrohlich aufbaut und kurz davor ist, zumindest eines der drei Boote unmittelbar zu verschlingen. Die See ist so rau, dass man auf dem Boot unter der sich auftürmenden Welle nur zwei Personen der gesamten Besatzung ausmachen kann. Die anderen Fischer werden von der Gischt verschluckt. Die Besatzung scheint sich ohnmächtig auf den Einschlag der gigantischen Welle vorzubereiten. In weiter Entfernung sieht man die Küste Kanagawas[2] und den friedlich wirkenden Vulkan Fuji.

Die große Welle und der drohende Kontrollverlust

Der weltberühmte Druck Hokusais ist unter dem Namen „Die große Welle vor Kanagawa" bekannt und entstand ca. 1830. Für mich steht das Bild – trotz seiner comicartigen Schönheit – für den Kontrollverlust des Menschen im Angesicht einer übermächtigen Naturgewalt. Ich habe mich an das Werk von Hokusai erinnert, als ich das Buch von Mustafa Suleyman gelesen habe, das den Titel *The Coming Wave* trägt und sich Gedanken über die schöne neue KI-Welt macht.[3] Suleyman ist der Gründer von DeepMind, ein KI-Unternehmen, das mittlerweile zu Google gehört. Der Begriff der KI-Welle könnte eine gute Metapher sein für das, was kommt. Wie groß diese Welle aber

---

[1] Crawford, K. (2021). *The Atlas of AI: Power, Politics, and the Planetary Costs of Artificial Intelligence.*
[2] Heute Yokohama.
[3] Suleyman, M. (2023). *The Coming Wave: Technology, Power, and the Twenty-first Century's Greatest Dilemma.* Crown.

tatsächlich sein wird und wie viel sie verschlingt, liegt weiterhin im Unklaren.

Was macht die KI-Welle gefährlich? Der Autor Suleyman warnt in *The Coming Wave* eindringlich vor der Fusion von Biotechnik und KI, gerade weil es durch das Zusammenspiel dieser Disziplinen in naher Zukunft leichter wird, neue Bioorganismen in der eigenen Garage zu entwickeln. Das nächste COVID-Virus kann dann locker im eigenen Hinterhof zusammengekocht werden.

Es gibt weitere Gefahren, die bereits jetzt in unseren Gesellschaften zu großen Problemen führen. KI-Systeme helfen schon heute dabei, täuschend echte Deepfakes herzustellen. Dies können künstlich erzeugte Bilder oder Videos sein, die Menschen auf den sozialen Medien Dinge vorgaukeln, die nicht der Wahrheit entsprechen. Deepfakes sind bereits so gut, dass beispielsweise ein Fake-Selenskyj in einem Video auf YouTube behaupten könnte, dass seine ukrainischen Soldaten die Waffen niederlegen sollen, um sich zu ergeben. Eine solche Videobotschaft könnte dann im Interesse russischer Propaganda in den Umlauf gebracht worden sein. Dieses Beispiel ist nicht ausgedacht. Ein solches Deepfake-Video hat es tatsächlich gegeben und sich auf den sozialen Medien rasant verbreitet.[4] Kai-Fu Lee, KI-Vordenker und KI-Unternehmer, beschreibt in seinem Buch 2041,[5] dass die Menschheit in Zukunft möglicherweise mit einer Anti-Deepfake-Software durchs Netz surfen wird. Ohne eine solche Software-Lösung werden wir schlichtweg nicht mehr in der Lage sein, Deepfakes als solche zu erkennen. Die Konsequenz wäre ein Strom von Desinformationen, der von allen Seiten auf uns niederprasselt.

---

[4] https://www.stern.de/politik/ausland/achtung--diese-manipulierten-videos-von-putin-und-selenskyj-sind-fake-31742680.html

[5] Lee, K. F., & Qiufan, C. (2021). *AI 2041: Ten visions for our future.* Crown Currency.

Es wäre eine Welt, in der wir online keiner Nachricht mehr Vertrauen schenken könnten.

Aufgrund solcher gruseliger Szenarien liegt der Fokus in Mustafa Suleymans Buch *The Coming Wave* auf dem sogenannten Containment-Problem, also der Frage, wie KI sinnvoll eingedämmt werden kann, ohne dabei aber die Innovationskraft der KI-Technologie im Keim zu ersticken. Wenn wir bei dem Bild der KI-Welle bleiben, geht es um die Frage, wie wir einen Deich bauen können, um die Wucht der anstehenden KI-Welle abzufangen. Auf unterschiedliche Möglichkeiten der politischen Regulierung als eine mögliche Schutzvorrichtung werde ich noch zu sprechen kommen.

Hier will ich zunächst darüber nachdenken, wie wir uns ein Gefühl von Selbstbestimmtheit im Zeitalter der KI erhalten können. Selbstbestimmtheit kann uns im Angesicht der drohenden KI-Welle Kraft schenken und dabei unterstützen, weiterhin das Zepter des Handelns in der Hand zu behalten.

Drei Wege zu mehr Selbstbestimmtheit und Wohlbefinden

Wie gelangen wir zu einem ausreichenden Maß an intrinsischer Motivation, Selbstbestimmtheit und Wohlbefinden, was dem Kontrollverlust im Angesicht der großen KI-Welle vorbauen kann? Intrinsische Motivation zielt übrigens auf motiviertes Verhalten ab, das aus eigenem Antrieb kommt und nicht durch externe Reize wie Geld gelenkt wird. Laut der *Self-Determination Theory* (SDT) der beiden Forscher Richard M. Ryan und Edward L. Deci[6] sind drei Bereiche wich-

---

[6] Ryan, R. M., & Deci, E. L. (2000). Self-determination theory and the facilitation of intrinsic motivation, social development, and well-being. American Psychologist, 55(1), 68-78.

5 Im Angesicht der großen Welle

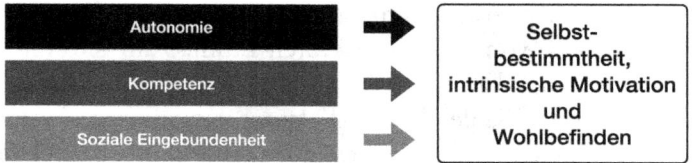

Abb. 5.1 Der Weg zu Selbstbestimmtheit, intrinsischer Motivation und Wohlbefinden führt über Autonomie, Kompetenz und soziale Eingebundenheit (Ryan & Deci, 2000)

tig, um intrinsische Motivation, Selbstbestimmtheit und Wohlbefinden zu erlangen: Autonomie, Kompetenz und soziale Unterstützung bzw. soziale Eingebundenheit. Diese Elemente sind auch in Abb. 5.1 dargestellt.

Schauen wir uns die Elemente der SDT genauer an und beschäftigen uns zunächst mit der Autonomie. Der Autonomie-Begriff geht auf das altgriechische Wort αὐτονομία zurück, das übersetzt so viel wie „Eigengesetzlichkeit" heißt. Um das Konzept verständlicher zu machen, denken wir an unsere Arbeitswelt. Hier kann es schon gehörig nerven, wenn dauernd jemand reinredet, wie man seinen Job zu erledigen hat. Der Chef kontrolliert alles und jeden. Ein solches Szenario wäre dann logischerweise durch die Abwesenheit von Autonomie gekennzeichnet. Autonom wären wir dagegen, wenn wir selbst entscheiden können, wie wir zu einem Ziel gelangen. Es gibt keine Gängelei – Hauptsache das Ergebnis stimmt! Autonomie ist im Sinne der SDT nicht mit egoistischer Individualität gleichzusetzen. Stattdessen schreiben die Autoren Ryan und Deci[6] (S. 74): „But, within SDT, autonomy refers not to being independent, detached, or selfish but rather to the feeling of volition that can accompany any act, whether dependent or independent, collectivist or individualist." Das Gefühl der Freiwilligkeit bei einer Handlung steht also im Vordergrund. Insofern ist das genannte Beispiel vom

Arbeitsplatz relevant, um darauf hinzuweisen, dass eine Veränderung von äußeren Faktoren Einfluss auf die Autonomie nehmen kann.

Die zweite Säule der SDT lautet Kompetenz. Wenn wir erfolgreich und selbstbestimmt durchs Leben gehen wollen, brauchen wir das nötige Know-how als Rüstzeug. Idealerweise bereiten die Schule, Universitäten und andere Bildungseinrichtungen Menschen darauf vor, notwendige Fähigkeiten für das Bestehen im Alltag zu erlangen. Positive Erfahrungen und Erfolge, die auf unsere eigenen Fähigkeiten zurückzuführen sind, resultieren in der inneren Überzeugung, dass wir unser Leben erfolgreich meistern. Deswegen ist der pädagogische Leitsatz von Frau Montessori an der Wand des Kindergartens meines Sohnes so wichtig: „Hilf mir, es selbst zu tun." Dieser Leitsatz sollte nicht nur für Kinder, sondern auch für uns Erwachsene gelten, um erfolgreich die KI-Welle reiten zu können. Aus Montessoris Leitsatz würde man ableiten, dass wir KI-Kompetenzen durch das Selbststudium oder durch Anleitung von außen für den Umgang mit KI-Systemen entwickeln. In jedem Fall müssen wir lernen, selbst erfolgreich mit der KI umzugehen. Eine Grundvoraussetzung dafür ist die Bereitschaft zu zeigen, lebenslang lernen zu wollen.

Die dritte Säule der SDT zielt auf unser evolutionäres Erbe ab. Menschen sind in Gruppen stärker, als wenn sie auf sich selbst zurückgeworfen sind. Auf Dauer allein zu sein, heißt die Gefahren des Lebens ohne soziales Netzwerk meistern zu müssen. Mutter Natur hat uns sogar ein Warnsystem in unser Gehirn eingebaut (das SADNESS-System), das darauf abzielt, dass wir den Zustand der Einsamkeit vermeiden. Verlieren wir eine wichtige Person, stellen wir uns das Ende einer romantischen Beziehung oder sogar den Tod eines uns nahestehenden Menschen vor, so sind wir sehr traurig, vielleicht sogar am Boden zerstört. Die Aktivierung des neuronalen Trauerschaltkreises in unserem Gehirn aufgrund des Trennungsschmerzes fühlt sich furchtbar an, kann aber durch die Unterstützung unseres sozialen Netzwerkes reduziert werden.[7] Oftmals wird der Zustand der Trauer auch durch Weinen begleitet, das in der Forschung als *separation distress call* bekannt ist. Die englische Begrifflichkeit macht deutlich, dass es sich beim Weinen um einen biologischen Hilferuf des trauernden Menschen handelt, um damit auf die eigene Hilflosigkeit aufmerksam zu machen. Diesen Blick auf die SDT habe ich vor dem Hintergrund der Arbeiten von Jaak Panksepp abgeleitet, die aus dem neurowissenschaftlichen Bereich stammen. Für mich ist klar, dass wir die Ressourcen, die Unterstützung und das Wissen unserer Umwelt benötigen, um unser Leben erfolgreich zu meistern.

Was also tun, um sich auf die kommende KI-Welle vorzubereiten? Auf jeden Fall Autonomie und Kompetenzen erlangen. Gut wäre es, dafür beruflich ein Umfeld vorzufinden, das einem ausreichend Handlungsspielraum an die Hand gibt, gerade auch was den Einsatz von KI-Werkzeugen betrifft, um sich über die eigene Autonomie KI-Kompetenzen erarbeiten zu können. Passend dazu wird in der Theorie von Ryan und Deci explizit darauf hingewiesen, dass die drei Säulen der SDT vor allen Dingen durch situative Variablen begünstigt werden können.

Zudem sollten wir dafür Sorge tragen, dass wir ausreichend sozial eingebunden sind, also auf die Unterstützung

---

[7] Panksepp, J., & Watt, D. (2011). Why does depression hurt? Ancestral primary-process separation-distress (PANIC/GRIEF) and diminished brain reward (SEEKING) processes in the genesis of depressive affect. *Psychiatry: Interpersonal & Biological Processes, 74*(1), 5–13.

von Freunden und Familien bauen können. Dies gilt natürlich nicht nur für Probleme, die aufgrund der anstehenden KI-Revolution entstehen, sondern generell in der Auseinandersetzung mit den Herausforderungen des Alltags. Es gibt ein englisches Sprichwort, das treffend besagt, dass es ein Dorf braucht, um Kinder großzuziehen. Ich bin davon überzeugt, dass wir auch eine solche intakte Gemeinschaft brauchen, um den anstehenden Übergang zu einer KI-Gesellschaft zu meistern. Dabei gilt es, möglichst viele Menschen mitzunehmen und ausreichend Sorge dafür zu tragen, dass Menschen nicht abgehängt werden.

KI kann uns unterstützen, Selbstbestimmtheit zu erfahren

Was sagt die empirische Forschung über die Bedeutung der SDT für die Auseinandersetzung mit KI? Die Ergebnisse einer neuen Studie[8] mit Stichproben aus mehreren europäischen Ländern konnten den Nachweis erbringen, dass die SDT in der Tat hilfreich ist, um beispielsweise eine positive bzw. negative Haltung gegenüber KI von Menschen besser zu verstehen. In der Studie wurden dabei nicht nur Zusammenhänge zwischen Facetten der SDT – wie Kompetenz – und persönlichen Einstellungen gegenüber KI untersucht, sondern interessanterweise auch, ob uns KI sogar dabei unterstützen kann, sozial eingebunden zu sein. Ironischerweise wird damit die Frage aufgeworfen, ob die KI-Technologie, die in manchen Szenarien auch eine Bedrohung sein kann, uns bei richtiger Anwendung

---

[8] Bergdahl, J., Latikka, R., Celuch, M., Savolainen, I., Mantere, E. S., Savela, N., & Oksanen, A. (2023). Self-determination and attitudes toward artificial intelligence: Cross-national and longitudinal perspectives. *Telematics and Informatics, 82*, 102013.

im Alltag sogar widerstandsfähiger für die KI-Herausforderung macht. Wie ist das genau zu verstehen? Dafür hilft ein Blick auf die Aussagen, die von den Studienteilnehmenden eingeschätzt werden mussten. Unter anderem wurden sie gefragt, ob die Nutzung neuer Technologien dabei behilflich sein kann, sich mehr zu einer Gruppe zugehörig zu fühlen. Personen, die das bejahten, zeigten eher eine positivere Haltung gegenüber KI. Dies ist interessant, da eine positivere Haltung gegenüber KI die Wahrscheinlichkeit erhöht, KI-Systeme oder KI-Produkte im Alltag einzusetzen, beispielsweise um die Kommunikation zwischen Menschen zu verbessern. Wann könnte eine KI die Kommunikation von Menschen verbessern? Denken wir an Menschen, die Probleme beim Hören haben, und das KI-System das Hörgerät besser macht. Ein KI-System könnte aber auch einem blinden Menschen erläutern, was in der Umgebung zu sehen ist, und so zu mehr Verständnis über die (soziale) Umwelt beitragen. KI-Systeme haben also das Potenzial, menschliche Defizite auszugleichen, um so die Teilnahme an sozialen Interaktionen zu erleichtern. Die Folge wäre eine größere soziale Eingebundenheit durch die Technologie.

Zu optimistisch, was die KI betrifft?

Mein Kollege Benjamin Junting Li von der Nanyang Technological University in Singapur und ich haben kürzlich eine weitere Studie veröffentlicht, die auch im Fahrwasser der SDT verortet werden könnte.[9] In der Studie untersuchten

---

[9] Montag, C., Schulz, P.J., Zhang, H. et al. On pessimism aversion in the context of artificial intelligence and locus of control: insights from an international sample. AI & Soc 40, 3349–3356 (2025).

wir die sogenannte Pessimismus Aversion im Kontext der KI. Mustafa Suleyman berichtete in seinem Buch *The Coming Wave*, dass diese Geisteshaltung besonders bei Tech-Eliten anzutreffen ist. Ein Grund dafür mag sein, dass die besagten Tech-Eliten selbst finanziell stark von der KI-Welle profitieren. Berufsoptimismus könnte man das dann auch nennen. Pessimismus Aversion bedeutet in anderen Worten, dass die Gefahren der KI kleingeredet werden und zugleich ein zu optimistisches Bild des Potenzials der KI gezeichnet wird.

Wir wollten in unserer Studie nun herausarbeiten, inwieweit interne und externe Kontrollüberzeugung eine Rolle spielen können, Unterschiede in der Pessimismus Aversion zu verstehen. Dafür haben wir auch einen Fragebogen entwickelt, der die Pessimismus Aversion messbar macht. Eine Aussage in dem Fragebogen lautete entsprechend: „KI wird eine Quelle des Guten sein, egal was die Kritiker sagen." Nun muss noch schnell erläutert werden, was es mit der internen und externen Kontrollüberzeugung auf sich hat. Eine interne Kontrollüberzeugung zeichnet sich unter anderem durch die uns schon bekannte Selbstbestimmtheit aus, äußert sich aber auch in der Überzeugung, Dinge erreichen zu können, wenn man es denn selbst nur genug will. Der Glaube versetzt bekanntlich Berge. Menschen mit einem Hang zu einer externen Kontrollüberzeugung machen dagegen das Glück oder das Schicksal für das Fortkommen im eigenen Leben verantwortlich. Menschen mit einer externen Kontrollüberzeugung schreiben sich Erfolge in ihrem Leben nicht zu.

In den von uns untersuchten Daten, die im Wesentlichen aus Japan und den USA stammen, konnten wir einen positiven Zusammenhang zwischen einer internen Kontrollüberzeugung und der Pessimismus Aversion aufzeigen. Anders formuliert: Menschen, die davon ausgehen, dass sie durch persönlichen Einsatz ihr beabsichtigtes Ziel erreichen, neigten eher dazu, die positiven Aspekte der KI zu sehen, wobei zeitgleich mögliche Probleme durch die Technologie eher kleingeredet werden.

Die Ergebnisse unserer Studie unterstreichen auf der einen Seite die Bedeutsamkeit von internen Kontrollüberzeugungen und der eigenen Selbstbestimmung für ein besseres Verständnis einer positiven Haltung gegenüber KI. Auf der anderen Seite sollte aber auch klar sein, dass eine gelebte Pessimismus Aversion möglicherweise in einer unreflektierten Haltung gegenüber der KI-Technologie münden könnte. Damit würde man den Gefahren einer KI Tür und Tor öffnen.

Was also tun, bevor die KI-Welle bricht? Aufgrund der hier gezeigten Studien scheint es bedeutsam zu sein, den Menschen ein Gefühl von Selbstbestimmtheit zu vermitteln, vielleicht auch dafür Sorge zu tragen, Menschen frühzeitig mit gutartigen KI-Systemen in Kontakt zu bringen, um auf diese Art und Weise Berührungsängste zu reduzieren. Durch diese Maßnahme würden Menschen im Idealfall ein Plus an Autonomie, Kompetenz und sozialer Eingebundenheit erfahren. Wichtig ist aber auch, dass die so erzielte Selbstbestimmtheit nicht in eine Unreflektiertheit gegenüber der neuen Technologie mündet. Gelingt uns dieser Spagat, so werden wir vor der sich auftürmenden KI-Welle in schwerer See einen kühlen Kopf bewahren und irgendwann wieder in ruhige Gewässer kommen.

6

Der Schmerzensmann und die Daten

Unbekannte Gewässer

Der Schmerzensmann betritt die Bühne. Er ist von langer hagerer Gestalt und in einem dunklen Anzug recht schnörkellos gekleidet. Er grüßt sein Publikum und setzt sich an den schwarzen Flügel. Im Hintergrund brennen ein paar Kerzen. Als er die ersten Töne von „God is in the House" anstimmt, bewegen sich seine schwarz gefärbten Haare im Takt zu der Arbeit am Piano. Es ist ein Abend mit Nick Cave, der einem Prediger gleich die Zuhörenden spirituell in seinen Bann zieht. In seiner Musik verarbeitet Nick Cave auch den Verlust seiner beiden Söhne. So kam Nick Cave mit seiner düsteren Musik zu dem Namen des Schmerzensmanns.[1]

---

[1] https://www.faz.net/aktuell/feuilleton/schmerzensmann-nick-cave-auf-der-phil-cologne-18951646.html

Das Besondere an dem Abend im Essener Kolosseum ist die Möglichkeit, als Zuhörende im Publikum Nick Cave Fragen stellen zu können. Dabei gibt es keine Tabus. Und so dreht sich der Abend um Verlust und Trauer, in der Menschen sich ungewöhnlich intensiv für ein solch offenes Forum mit Nick über den Tod austauschen. Zwischendurch immer wieder Caves Musik. The Weeping Song, Into my Arms, Mermaids.

Ich komme an die Reihe und frage Nick, wie es ihm gelingt, seine Kreativität aufrechtzuerhalten. Ich möchte nicht weiter in die Kerbe der Trauer schlagen. Es scheint mir eine gute Frage zu sein, da Nick Cave sich nicht nur als Musiker, sondern auch als Poet und Autor hervorgetan hat. Mir liegt das Thema am Herzen, denn auch Forschung braucht eine gute Prise Kreativität. Nick entgegnet mir, dass er sich darum bemüht, nach dem erfolgreichen Abschluss eines Projektes in komplett neue Gefilde vorzustoßen. Er wählt dabei bewusst Bereiche, in denen er wenig Erfahrung hat, um sich nicht zu wiederholen. Unbekannte Gewässer sind für ihn eine Quelle der Inspiration und Kreativität.[2] Ich kann das gut nachvollziehen. Dies ist auch der Grund, warum ich immer mal wieder meine Forschungsthemen wechsele und Inspiration rund um den Globus suche, wenn ich mit anderen Kulturen in Kontakt kommen darf.

Über Kreativität im KI-Zeitalter

Kreativität ist eine besondere Fähigkeit des Menschen. Und aus Kreativität kann große Kunst entstehen. Was wird aber nun mit den Kunstschaffenden im Zeitalter der

---

[2] Die Begegnung mit Nick Cave wurde bereits hier geschildert:
Montag, C., & Davis, K. L. (2020). *Animal emotions: How they drive human behavior.* Punctum Books.

6 Der Schmerzensmann und die Daten

KI? Werden in Zukunft Schauspieler und Schauspielerinnen durch KI-Personal wegrationalisiert? Kann KI gute Musik komponieren? Kann KI wirklich genuin Kreatives erschaffen? Kann sogar große Kunst durch KI entstehen? Diese Fragen habe ich Nick Cave nicht gestellt. Die Haltung von Nick Cave zu den Erzeugnissen der generativen KI ChatGPT ist allerdings unmissverständlich. Ein Fan mit dem Namen Mark aus Christchurch/Neuseeland bat ChatGPT darum, einen Songtext im Stil von Nick Cave zu verfassen. Den Text präsentierte er Nick Cave auf seiner Projekt-Website „The Red Hand Files".[3] Auf dieser Seite kann man Nick Cave schreiben, und wenn der Schmerzensmann Lust und Laune findet, so antwortet er. Auf den ChatGPT-Erguss reagierte Nick Cave dann harsch. Für ihn ist das Schreiben eines guten Songs keine Nachahmung, keine Replikation – für ihn ist es ein Akt des Selbstmords, der all das zerstört, was man in der Vergangenheit produzieren wollte. Es ist also wenig überraschend zu hören, dass für einen Mann, der Musik aus seinem emotionalen Innersten herauskehrt, KI nicht in der Lage ist, den emotionalen Akt des Songschreibens zu übernehmen. Denn: Daten leiden nicht – wir begegneten diesem Zitat zu Beginn des Buches (O-Ton von Nick Cave: „Data doesn't suffer"). Ein Künstler wie Nick Cave, der seine Kunst auch aus seinen psychischen Schmerzen gewinnt, ist für mich ein Beleg für die Bedeutsamkeit der Emotionalität in der Kunst.

Nun kann man die Sicht Nick Caves auf KI als die Haltung eines einzelnen Künstlers abtun. Tatsächlich spiegelt sich in der Cave'schen Sichtweise aber ein psychologischer Mechanismus wider, der in der Forschung herangezogen wird, um die menschliche Reaktanz gegenüber KI zu verstehen.

---

[3] https://www.theredhandfiles.com/chat-gpt-what-do-you-think/

Die Algorithmus Aversion

In einer groß angelegten Serie von Studien untersuchten drei Forschende die sogenannte Algorithmus Aversion.[4] In der Arbeit wurde unter anderem deutlich, dass Menschen Algorithmen weniger vertrauen, wenn sie Aufgaben nachgehen, die üblicherweise von Menschen übernommen werden und vor allen Dingen eine subjektive Komponente beinhalten. In dem ersten Teil der Arbeit zeigte sich, dass eine solche Aufgabe beispielsweise das Schreiben eines Songs sein kann (siehe Nick Cave) oder auch die freundschaftliche oder professionelle Beratung in Sachen Liebe. Ein Bereich, in dem Menschen mehr auf einen Algorithmus bauen würden, ist z. B. die Beratung in finanziellen Dingen.

In einem weiteren Teil dieser wissenschaftlichen Arbeit wurde mehr als 40.000 Studienteilnehmenden eine Werbung auf Facebook präsentiert. In der gezeigten Werbung wurde entweder eine Beratung in finanziellen oder romantischen Dingen angeboten, wobei diese Werbungen entweder in der Variante Beratung durch einen Menschen (Variante I) oder Beratung durch einen Algorithmus (Variante II) dargeboten wurden. Als Zielvariable wurde nun die Durchklickrate der ausgerollten Werbungen kontrastiert. Die Durchklickrate gibt an, in wie vielen Prozent der Fälle, in dem die Werbung gezeigt wurde, diese tatsächlich von den Studienteilnehmenden angeklickt worden ist. Hinsichtlich der Durchklickrate für die Werbung über eine Finanzhilfe zeigten sich keine besonders starken Unterschiede zwischen den Varianten menschlicher vs. algorithmischer Berater. Eine Erklärung könnte hier zu finden

---

[4] Castelo, N., Bos, M. W., & Lehmann, D. R. (2019). Task-dependent algorithm aversion. *Journal of Marketing Research, 56*(5), 809–825.

sein: Die Finanzberatung entspricht einer Tätigkeit, die von Menschen aufgrund der Zahlenlastigkeit durchaus als Domäne der Maschinenwelt gesehen wird. Vielleicht balanciert sich das in den Ergebnissen dann aus. Bei der Beratung rund um das Thema Liebe zeigte sich dann aber eine deutliche Lücke zwischen den dargebotenen Werbevarianten, wobei die Studienteilnehmenden deutlich mehr dem menschlichen Berater als der Maschine im Bereich der Liebe zutrauten. Wie sich zeigt, scheint Nick Cave mit seiner algorithmischen Aversion nicht allein zu sein.

Künstliche Kreativität

Wenn wir uns nochmal der größeren Frage zuwenden möchten, nämlich ob eine KI überhaupt kreativ sein kann, hilft es, eine Expertenstimme aus der Kreativitätsforschung hinzuzuziehen. Mark A. Runco von der Southern Oregon University gilt als einer der bekanntesten Kreativitätsforscher der Welt. Im Jahr 2023 hat er ein interessantes Paper mit dem vielsagenden Titel „AI can only produce artificial creativity" im Journal of Creativity veröffentlicht. Aus dem Titel geht schon hervor, dass Mark A. Runco nicht davon überzeugt ist, dass eine generative KI tatsächlich kreativ im menschlichen Sinne ist. Er kommt aus mehreren Gründen zu dieser Auffassung. Zunächst stellt er fest, dass sich Menschen für die Beantwortung der Frage nach einer kreativen Leistung einer KI häufig nur das Ergebnis der KI anschauen, nicht aber den Schaffensprozess berücksichtigen. Betrachtet man den Output einer KI, könnte man schnell zu der Haltung kommen, dass die KI kreativ ist. Gängigen Definitionen über menschliche Kreativität folgend, zeigt sich Kreativität unter anderem in Originalität und Effektivität. Nun stellen wir uns vor, dass ein

KI-System per Zufall etwas sehr Originelles entwirft und zweifelsohne dabei sehr schnell und effektiv vorgeht. Ist die KI damit kreativ?

Nein. Laut Mark A. Runco bedarf es nämlich noch mehr, um von menschlicher Kreativität zu sprechen. Darunter fallen Faktoren wie Intentionalität, intrinsische Motivation und Authentizität. Eine KI wie ChatGPT hat keine Intention, sie wird lediglich von uns angewiesen (oder gepromptet), ein gewisses Ergebnis zu generieren. Es war zudem unsere Intention und nicht die Intention der Maschine, die zur Beauftragung der Maschine geführt hat. Und selbst bei selbstlernenden Systemen musste zunächst ein Code generiert werden, der eine KI dazu auffordert, einer bestimmten Aufgabe nachzugehen. Wir vermenschlichen an dieser Stelle die KI, weil wir lediglich staunend auf das Ergebnis, nicht aber auf den vorgelagerten kreativen Prozess schauen. Der Prozess innerhalb der KI gleicht dann häufig einer „einfachen" Rekombination von bestehenden Informationen, die etwas scheinbar neues Schaffen kann, wobei von Forschenden bereits für die menschliche Kreativität infrage gestellt wird, inwieweit die schlichte Rekombination von Informationen zu einer kreativen Leistung führen kann oder ob wahre Kreativität nicht etwas beschreibt, was förmlich aus dem Nichts kommt. Der US-Unternehmer Peter Thiel hat sein bekanntes Buch über erfolgreiche Start-up-Unternehmen nicht umsonst *Zero to One* genannt.[5] Der kritische Erfolg von Start-up-Unternehmungen ist von dem erfolgreichen Beschreiten des Schritts von Null auf Eins abhängig. Damit ist gemeint, dass eine genuin neue Lösung für ein existierendes Problem geschaffen wird. Ist das Neue dann erreicht – wir

---

[5] Masters, B., & Thiel, P. (2014). *Zero to one: notes on start ups, or how to build the future*. Random House.

sind also nicht mehr bei der Null, sondern bei der Eins angekommen – geht es „nur" noch darum, das neue Produkt oder den neuen Service in Serie zu bringen.

Zurück zum Kreativitätspapst Mark A. Runco: In seinem sehr lesenswerten Paper[6] führt er eine Arbeit von Carl. L. Hausman[7] an, die er wie folgt zusammenfasst: „Hausman (1976) suggested that ideas and solutions that were in any way dependent on already existing information, even metaphorically, are not truly creative" (S. 4). Folgt man Mark A. Runco in seiner Argumentation, gibt es keine menschenähnliche Kreativität in einer KI. Stattdessen sollten wir besser von einer künstlichen Kreativität sprechen, also einer *artificial creativity*.

Der Mensch im Angesicht der Maschine

Bisher haben wir unterschiedliche psychische Reaktionen des Menschen auf die KI-Revolution kennengelernt. Diese sind stichpunktartig und als Zusammenfassung in Abb. 6.1 dargestellt. Zunächst haben wir uns über eine Reihe von Studien dem unheimlichen Tal angenähert. Hier haben wir uns genauer mit der Reaktion des Menschen auf menschenähnliche Androide beschäftigt, wobei wir besonders für die Mismatch-Perception-Hypothese Belege gefunden haben. Danach haben wir uns im Detail mit dem Black-Box-Charakter von KI-Systemen auseinandergesetzt. In den Interaktionen von Menschen mit einer KI entsteht ein Problem, wenn wir nicht nachvollziehen können, wie eine

---

[6] Runco, M. A. (2023). AI can only produce artificial creativity. *Journal of Creativity, 33*(3), 100.063.
[7] Hausman, C. R (1976). Creativity and rationality. In A. Rothenberg, & C. R. Hausman (Eds.), *The creativity question* (pp. 343–351). Durham, NC: Duke University Press.

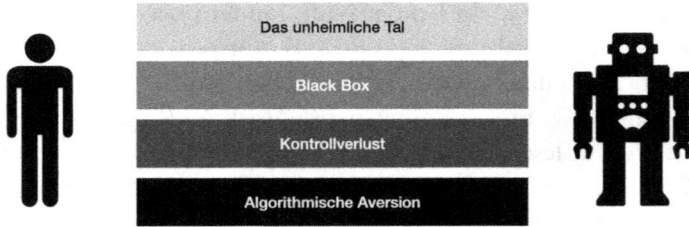

Abb. 6.1 Psychologische Aspekte der KI-Revolution, die bisher behandelt worden sind

KI zu einem Ergebnis oder zu einer Entscheidung kommt. Eine sich erklärende KI (eXplainable AI: XAI) kann uns in Zukunft dabei helfen, dieses Problem zu reduzieren. Ein weiterer Teil wurde dem Kontrollverlust und dem Ohnmachtsgefühl gewidmet, das wir im Anbetracht der großen KI-Welle empfinden können. Wege zur Selbstbestimmung können dabei helfen, wieder Herr der Lage zu werden. Und final beschäftigen wir uns mit der Algorithmus Aversion und der Frage nach Kreativität im KI-Zeitalter. Nick Cave war uns hier ein guter Begleiter.

Teil III

Warum es so schwer ist, die richtige Haltung gegenüber KI zu entwickeln, und wie es trotzdem gelingen kann

7

IMPACT!

Nach den letzten Kapiteln wird deutlich, dass einfache Gleichungen wie „KI = schlecht" viel zu kurz greifen. Die Wahrheit liegt also sicherlich nicht in den Extremen der AI-Doomer oder der AI-Boomer. Wenn wir im Einzelfall abschätzen wollen, wie sich KI auf uns und unsere Gesellschaft auswirkt, brauchen wir eine ausgewogene Herangehensweise. Um eine solche ausgewogene Einstellung zu entwickeln, habe ich mit Unterstützung meiner Kollegen Raian Ali und Preslav Nakov ein neues Rahmenwerk entwickelt, mit dem wir versuchen, den Einfluss von KI auf unsere Gesellschaften besser zu verstehen. Dieses Rahmenwerk stellen wir mithilfe des Kunstworts IMPACT dar, das auch die Gliederung für den dritten Teil dieses Buches darstellt. IMPACT steht in der englischen Sprache für *In*terplay of *M*odality, *P*erson, *A*rea, *C*ountry und *T*ransparency, also für das Zwischenspiel (Interplay) der Variablen Modalität, Personen-Variable, Bereich der KI, Land/Kultur und Transparenz. Damit beschreiben wir die einzelnen Faktoren, die wir als zentral erachten, um den Einfluss der KI auf Gesellschaft und Individuen zu verstehen.

Der dritte Teil des Buchs ist so strukturiert, dass jeder der genannten Kategorien ein einzelnes Kurz-Kapitel gewidmet ist. Damit werden die einzelnen Faktoren des IMPACT-Rahmenwerkes tiefergehend beleuchtet und mit Leben gefüllt. Am Ende dieses dritten Teils des vorliegenden Buchs wird dann verdeutlicht, dass die einzelnen Kategorien des IMPACT-Rahmenwerkes in einem komplexen Miteinander verstanden werden müssen (deswegen auch das I für Interplay). Isoliert können die einzelnen Kategorien nur unzureichend erläutern, wie die KI-Revolution Gesellschaften verändert und sich auf uns Menschen auswirkt. Um direkt vorab das Verständnis für das IMPACT-Rahmenwerk zu bahnen, erläutere ich kurz, was es mit den einzelnen Kategorien auf sich hat.

Modality oder Modalität beschreibt im engeren Sinne, welche Daten eine KI verarbeiten kann. Klassische KI-Systeme waren unimodal, d. h., sie konnten beispielsweise nur Bilder verarbeiten. Multimodale KI-Systeme können mehrere Formen des Dateninputs verarbeiten. Denken wir hier an Text-, Video-, Audio- und Bilddateien. Die Modalität einer KI nimmt damit auch Einfluss darauf, welche Fähigkeiten eine KI entwickeln kann. Der Begriff Modalität einer KI kann heutzutage meines Erachtens auch breiter gefasst werden, z. B. indem auch die Art der Interaktionsmöglichkeiten mit einer KI beleuchtet wird.

Die **P**ersonen-Variable zielt auf die Idee ab, dass Menschen sich in vielerlei Hinsicht unterscheiden. Wir sind beispielsweise unterschiedlich alt oder haben eine unterschiedliche Persönlichkeitsstruktur. In welcher Form nehmen nun solche Variablen rund um die Soziodemographie und Persönlichkeit eines Menschen Einfluss darauf, wie wir KI wahrnehmen und diese nutzen?

Area steht in dem englischen Akronym für den Bereich, in dem die KI operiert. Ich folge hier der Idee, dass es einen Unterschied für unsere Gesellschaft macht, wenn die KI in der Medizin, im Bildungswesen, beim Militär oder in einem anderen Bereich eingesetzt wird.

C steht in unserem Modell für Culture (Kultur) oder Country (Land). Bei der Erstellung des IMPACT-Rahmenwerkes fanden wir genügend Literatur, die uns zur Überzeugung brachte, dass KI in unterschiedlichen Kulturen oder Ländern unterschiedliche Wirkungen entfalten kann. Dies kann durch unterschiedliche Formen der Regulierung (eher Land-Variable) oder aber auch durch Unterschiede in Glaubenssystemen (eher Kultur-Variable) bedingt sein. Hier lohnt sich entsprechend auch ein näherer Blick.

Transparenz ist die finale Variable, die wir im Kontext des Rahmenwerkes näher beleuchten wollen. Immer wieder wurde durch Forschende herausgearbeitet, dass manch eine operierende KI einer Art Black Box gleicht. Mit anderen Worten verstehen wir nicht, wie die KI beispielsweise beim Verarbeiten von MRT-Bildern zu einer medizinischen Diagnose kommt (siehe Kap. 4). Als mögliche Lösung haben wir bereits das Konzept der XAI kennengelernt, das wir uns noch ein letztes Mal kurz in diesem Teil des Buches anschauen wollen.

Damit sind nun die einzelnen Elemente des IMPACT-Rahmenwerkes kurz präsentiert worden und wir beginnen, uns im Detail mit den Kategorien des IMPACT-Modells auseinanderzusetzen. Bevor wir das aber tun, möchte ich Einblicke in eine weitere zentrale Frage geben: Wie messe ich am besten Einstellungen gegenüber KI?

8

Messen

Gute versus böse KI?

Ich hole die Ausgabe des *Economist* aus dem Briefkasten. Passend zu meinem aktuellen Forschungsschwerpunkt hat das britische Magazin den ChatGPT-Hype zum Anlass genommen, das große KI-Thema als Titelgeschichte zu platzieren.[1] Auf dem Cover der englischen Zeitschrift prangen die beiden Buchstaben A und I, wobei über dem A ein Heiligenschein und an dem I Teufelshörner zu sehen sind (englisch: Artificial Intelligence). „Bist Du für oder gegen KI?" scheint uns das Cover zu fragen. Oder soll das Titelbild vielmehr direkt auf die beiden Seiten der KI hinweisen? Ist dies ein Hinweis auf die neuen Möglichkeiten, die durch KI-Systeme entstehen, oder auf die Gefahren, die direkt um die Ecke lauern, wenn die KI-Welle über

---

[1] Ausgabe vom 22. April 2023.

uns einbricht? Auch in diesem Buch haben wir schon sehr unterschiedliche Haltungen gegenüber KI kennengelernt, sodass die Polarisierung auf dem Titelbild des *Economist* nicht überraschend kommt. Entsprechen diese beiden Extremhaltungen „Engel-KI" vs. „Teufel-KI" aber eigentlich wirklich dem, was Menschen über KI denken? Was sagt uns die psychologische Forschung über Einstellungen gegenüber KI? Und wie kann man das messen?

KI-Einstellungen über einen Fragebogen messen

Der gängigste Weg, um Einstellungen gegenüber KI zu messen, ist logischerweise, Menschen zu befragen, und sehr häufig wird das mit einem Fragebogen gemacht. Meine Arbeitsgruppe gehörte zu den ersten Forschenden, die ein Messinstrument in Form eines solchen Fragebogens entwickelten, um allgemeine Einstellungen gegenüber KI zu messen. Unser kurzes Messinstrument entwickelten wir direkt in englischer, chinesischer und deutscher Sprache, um damit schnell die Möglichkeit zu haben, international Einstellungen gegenüber KI untersuchen zu können. Bei der Konstruktion unseres Instrumentes habe ich gängige (Extrem-)Haltungen aus dem medialen Diskurs aufgenommen und so Menschen mit Hinblick auf die folgenden fünf Aussagen befragt (siehe Tab. 8.1), wobei man zu jeder Aussage eine abgestufte Antwort geben konnte (z. B. von *1 = starke Ablehnung* bis *5 = starke Zustimmung*).

Bei der Auswertung der Daten zeigte sich, dass das Ankreuzverhalten der Studienteilnehmenden in unserem Datensatz statistisch am besten durch eine Zwei-Faktor-Struktur abgebildet wurde. Mit anderen Worten identifizierten wir eine Dimension, die wir als *KI-Akzeptanz* (Accepting

Tab. 8.1 In der Tabelle finden sich fünf Standpunkte, mit denen die eigenen Einstellungen gegenüber KI gemessen werden können. Die Aussagen, die mit einem (−) gekennzeichnet sind, messen Furcht vor KI. Die Aussagen, die mit einem (+) gekennzeichnet sind, messen Akzeptanz von KI. Die Punkte für die Aussagen mit (−) müssen einfach aufaddiert werden, Gleiches gilt für die Aussagen mit einem (+). (Anmerkung: Der Fragebogen ist nur als erster Versuch zu sehen, KI-Einstellungen zu messen. In wenigen Jahren werden wir elaboriertere Messinventare sehen; der ursprüngliche Fragebogen findet sich in Sindermann et al. (2021) - Fußnote 4 in diesem Kapitel)

	Starke Ablehnung	Ablehnung	Neutral	Zustimmung	Starke Zustimmung
Ich habe Angst vor KI. (−)	1	2	3	4	5
Ich vertraue KI. (+)	1	2	3	4	5
KI wird die Menschheit zerstören. (−)	1	2	3	4	5
KI wird eine Bereicherung für die Menschheit sein. (+)	1	2	3	4	5
KI wird für viel Arbeitslosigkeit sorgen. (-)	1	2	3	4	5

AI) bezeichnet haben, und eine weitere Dimension, die wir *Furcht vor KI* (Fearing AI) genannt haben. Das ist ein spannender Befund, denn man hätte auch erwarten können, dass es sich bei positiver und negativer Einstellung gegenüber KI um eine einzige Dimension handelt. Dies würde sich dann darin widerspiegeln, dass Menschen, die eine positive Haltung gegenüber KI angeben, auch sehr wahrscheinlich eine geringe negative Haltung gegenüber KI innehaben. Tatsächlich gibt es aber einige Studienteilnehmende, die zeitgleich über eine positive und negative Haltung gegenüber KI berichten. Faszination und Furcht zugleich – vielleicht ist das der aktuellen Ungewissheit und den Möglichkeiten durch KI durchaus angemessen. Mit dieser Zwei-Faktoren-Struktur, wie man das im Fachjargon nennt, sind wir übrigens nicht allein.[2] Ein weiteres Inventar zur Messung genereller Einstellungen gegenüber KI mit dem Kurznamen GAAIS („Guys") kam zu dem gleichen Schluss. Ein Modell mit zwei Dimensionen passte in dieser Arbeit ebenfalls besser auf die Daten als eine einzige Dimension. Der Vollständigkeit halber: Es gibt aber auch Stimmen in der Wissenschaft, die sich für ein eindimensionales Modell aussprechen.[3] Nun zu Ihnen: Wenn Sie sich die Items aus dem Kurzfragebogen in Tab. 8.1 anschauen – wie sieht es mit Ihrer Einstellung gegenüber KI aus?

---

[2] Schepman, A., & Rodway, P. (2020). Initial validation of the general attitudes towards Artificial Intelligence Scale. *Computers in human behavior reports, 1,* 100014.

[3] Stein, J. P., Messingschlager, T., Gnambs, T., Hutmacher, F., & Appel, M. (2024). Attitudes towards AI: measurement and associations with personality. *Scientific Reports, 14*(1), 2909.

Wie sind KI-Einstellungen in der Bevölkerung verteilt?

Jenseits der Faktorenstruktur des Fragebogens zur Messung der KI-Einstellungen konnten Studien weiteres Interessantes zutage bringen. Wir wollten auch verstehen, wie die KI-Einstellungen in der Bevölkerung verteilt sind. Um eine solche Verteilung besser zu verstehen, habe ich sowohl die Verteilungen für unsere *KI-Akzeptanz-Skala* als auch für unsere *Furcht-vor-KI-Skala* in Abb. 8.1 in Form von sogenannten Histogrammen erstellt. Die Daten stellen eine Stichprobe aus Deutschland mit unterschiedlichem soziodemographischem Hintergrund dar.

Was sich auf der linken und rechten Seite der Abbildung abzeichnet, ist in beiden Fällen eine glockenförmige Kurve. Mit anderen Worten tendieren die meisten Studienteilnehmenden dahin, eine relativ neutrale Haltung gegenüber KI einzunehmen, d. h., sie stufen sich als wenig extrem ein,

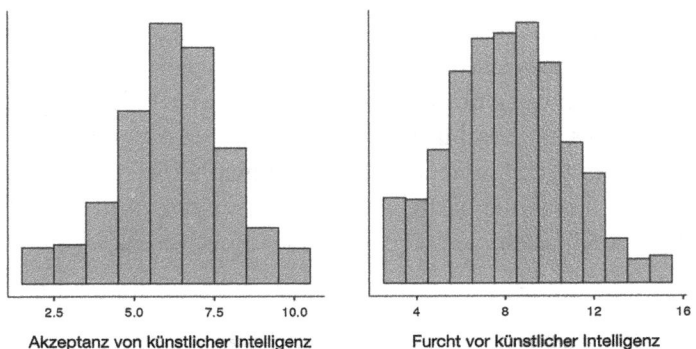

Abb. 8.1 Die Verteilung der Einstellungen gegenüber KI gleicht einer glockenförmigen Verteilung – auf der linken Seite ist Akzeptanz von KI abgebildet, auf der rechten Seite Furcht vor KI. (Daten aus: Montag, C., & Elhai, J. D. (2025). Introduction of the AI-Interaction Positivity Scale and its relations to satisfaction with life and trust in ChatGPT. *Computers in Human Behavior*, 108705)

sowohl was die KI-Akzeptanz als auch Furcht vor KI betrifft. Menschen mit Extremhaltungen, also sehr (geringen) positiven oder sehr (geringen) negativen Haltungen gegenüber KI, sind deutlich in der Minderzahl. Das spiegelt sich in Abb. 8.1 durch die wenigen Studienteilnehmenden mit sehr niedrigen oder sehr hohen Werten auf den beiden Skalen wider. In Anbetracht der medialen Berichterstattung bin ich mir nicht sicher, ob ich das so vor einigen Jahren vor unserer Datenerhebung erwartet hätte. Die glockenartige Verteilung wurde übrigens schon von dem deutschen Mathematiker Carl Friedrich Gauss beschrieben, der auch lange Zeit den 10 Mark Schein der Bundesrepublik Deutschland geprägt hat. Die älteren Leser und Leserinnen unter uns werden sich noch erinnern.

Nun handelt es sich bei den berichteten Daten nicht um ein repräsentatives Abbild der Bevölkerung, wobei eine solche Repräsentativität sowieso nur sehr schwierig (oder nicht) umzusetzen ist. Es gibt schlichtweg Menschen, die wollen nicht bei Studien mitmachen. Und wenn diese Menschen in puncto unserer Fragestellung anders ticken und nicht in den Datenerhebungen einbezogen sind, hätte man beispielsweise eine Verzerrung in den Daten. Wie steht es um die globale Haltung gegenüber KI also tatsächlich? Dies ist abschließend sehr schwer zu sagen, zumal sich Einstellungen auch ändern können. Eine interessante weitere Lesart der aktuellen Befindlichkeiten rund um das Thema KI möchte ich aber schon noch anbieten.

Einblicke in das Bewusstsein von KI-Themen über das Studium von Google-Suchanfragen

Mit meinem Kollegen Yu-Hsuan Lin habe ich mich aus einer ganz anderen Richtung dem Themengebiet angenähert. Wir haben in unserer Studie Menschen nicht direkt nach ihren KI-Einstellungen befragt, sondern uns stattdessen angeschaut, welche Begriffe rund um das KI-Thema gegoogelt werden. Dabei haben wir uns besonders die Google-Suchanfragen zu den Themen KI-Chancen und KI-Risiken im Nachgang an zwei KI-Großereignisse angeschaut: dem bekannten Alpha Go Moment und dem Release von ChatGPT. Wie sich in Abb. 8.2 zeigt, führte der Moment, in dem Alpha Go den Top-Spieler Fan Hui im Go-Spiel besiegte, nicht zu großartigen Veränderungen bei positiv oder negativ eingefärbten KI-Suchanfragen. Wie man an den insgesamt niedrigen Suchanfragen sieht, blieb das Thema im Jahr 2015 (das Spiel wurde erst 2016 publik) – und auch 2016 nach dem nächsten Alpha Go Match - immer noch stark in einer (eher) selten besuchten Nische. Ganz anderes beobachteten wir nach dem Release von ChatGPT. Im Nachgang an den ChatGPT-Moment im November 2022 zeigte sich ein deutlicher globaler Anstieg an Suchbegriffen, die entweder im AI-Doomer-Lager oder im AI-Boomer-Lager zu verorten waren. Interessanterweise haben die KI-Optimisten und KI-Optimistinnen mittlerweile entsprechend der Menge der Suchanfragen die Oberhand. Sicher können wir uns aber aufgrund der Daten hier leider auch nicht sein. Wir wissen schlichtweg

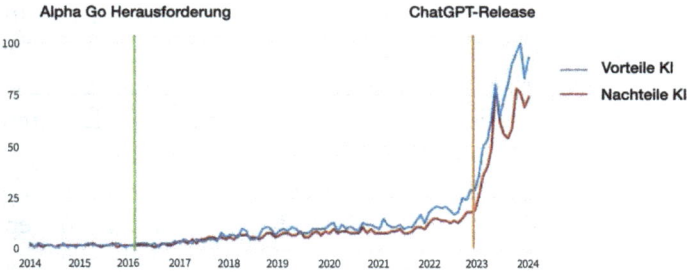

Abb. 8.2 KI bezogene Suchanfragen zum Thema KI, aufgeteilt in positive und negative Termini – Vorteile/Chancen vs. Risiken/Nachteile von KI (Abbildung von Montag & Lin, bis jetzt unveröffentlicht)

nicht genau, ob eine gemachte Suchanfrage bei Google wirklich die eigene Haltung einer Person widerspiegelt, oder beispielsweise nur im Rahmen einer akademischen Arbeit oder Recherche für einen Artikel gemacht wurde. Es könnte zudem sein, dass manche Google-Nutzende mehrere Begriffe – sowohl negative als auch positive Begriffe – im Kontext von KI googelten. Deswegen sprechen wir an dieser Stelle besser über das Bewusstsein (Awareness) bei Google-Nutzenden in puncto der KI-Themen, die hier untersucht worden sind. Wie jede Methode hat auch die Auswertung von Google-Suchanfragen seine Fallstricke, die es bei der Interpretation der Daten zu berücksichtigen gibt. Vorteilhaft bei der Auswertung von Google-Suchanfragen ist aber in jedem Fall, dass es deutlich weniger aufwendig ist, diese zu analysieren, anstatt große Kohorten rund um den Globus nach ihrer Haltung gegenüber KI zu befragen.

Wo stehen wir also mit unserem Wissen über KI-Einstellungen?

Wir halten fest, dass positive und negative Haltungen gegenüber KI nicht unbedingt Pole eines eindimensionalen Konstruktes sind. Interessanterweise scheinen die Verteilungen der KI-Einstellungen eher normalverteilt, zumindest aber nicht (besonders) schief verteilt zu sein. Dies würde beispielsweise untermauern, dass ein Großteil der Bevölkerung weder dazu neigt, KI (extrem) zu fürchten, noch dazu, sehr positiv der neuen KI-Technologie gegenüberzustehen. Erhärtet wird diese Sicht auch durch die Mittelwerte der beiden Skalen KI-Furcht und KI-Akzeptanz, die nur ein wenig über dem Neutralpunkt der Skalen zu verorten sind. Es zeigt sich also, dass viele von uns möglicherweise schon den nuancierten oder abwartenden Blick auf die Technologie haben, den es meines Erachtens braucht. Das ist eine gute Nachricht. Denn: Wenn aktuell viele Menschen nach wie vor zwischen den Polen schwanken, bedeutet dies auch, dass durch die richtige Form der Regulierung und durch eigene Erfahrungen mit KI-Systemen das Pendel in die „richtige" Richtung gelenkt werden kann. Damit meine ich, dass sich Menschen dann gutartige KI-Systeme zu eigen machen können, um das Potenzial der Mensch-Maschine-Interaktion voll auszuschöpfen.

Schließen wir das Kapitel zur Vollständigkeit mit ein paar letzten Überlegungen: Tatsächlich wird unter Forschenden aktuell diskutiert, ob es überhaupt sinnvoll ist, Menschen nach ihrer *generellen* Einstellung gegenüber KI zu fragen. KI als Allzweck-Technologie ist ja gefühlt überall und nirgends verbaut. Wir erinnern uns in diesem Zusammenhang bitte auch an die Elektrizitätsmetapher.

Vor dem Hintergrund dieser Debatte ist es interessant zu wissen, dass eine positive oder negative Haltung gegenüber KI im Allgemeinen in unserer Arbeit aus dem Jahr 2020/2021[4] tatsächlich auch robust mit Vertrauen oder der Bereitschaft assoziiert gewesen ist, sehr unterschiedliche KI-Modelle zu nutzen (oder nutzen zu wollen). Damit zeigt sich, dass das Erfassen genereller Haltungen gegenüber KI-Systemen – trotz ihrer Komplexität – auch eine gewisse Aussagekraft für die Nutzung spezifischer KI-Systeme machen kann. Im Detail konnten wir beispielsweise beobachten, dass eine positivere Haltung gegenüber KI im Allgemeinen zeitgleich auch mit mehr Vertrauen in selbstfahrende Fahrzeuge, Siri, Alexa oder Androiden im Spezifischen einherging. Bei Siri und Alexa handelt es sich um die Sprachassistenten von Apple und Amazon. Eine

---

[4] Sindermann, C., Sha, P., Zhou, M., Wernicke, J., Schmitt, H. S., Li, M., ... & Montag, C. (2021). Assessing the attitude towards artificial intelligence: Introduction of a short measure in German, Chinese, and English language. *KI-Künstliche Intelligenz*, *35*(1), 109–118.

generell positive oder negative Haltung gegenüber KI ist also bedeutsam mit der Einstellung gegenüber einzelnen KI-Produkten assoziiert und somit macht eine unspezifische Messung der Haltung gegenüber KI wissenschaftlich durchaus Sinn. Kürzlich haben wir sogar nachweisen können, dass dies mit zwei simplen Aussagen gelingen kann![5] Und zwar so:

Ich habe eine positive Haltung gegenüber KI.
Ich habe eine negative Haltung gegenüber KI.

---

[5] Montag, C., & Ali, R. (2025). Can We Assess Attitudes Toward AI with Single Items? Associations with Existing Attitudes Toward AI Measures and Trust in ChatGPT. *Journal of Technology in Behavioral Science*, 1–11.

9

Einblicke in die Modalitäten der KI

Auf dem Weg zur ersten KI-Universität der Welt: ab in die Wüste!

Ich steige morgens aus dem Flieger, der mich von Doha nach Abu Dhabi gebracht hat. Ein Taxifahrer wartet bereits auf mich am Ausgang des Flughafens. Diesen Luxus bin ich in der Wissenschaft nicht gewöhnt. Es ist Anfang November, und als ich in das Taxi einsteige, weht eine warme Brise. Es wird ein schöner Sommertag werden. Wir fahren an einigen Baustellen vorbei und immer wieder zieren Palmen den Weg. Dann kommen wir schließlich noch an der Rennstrecke der Formel 1 vorbei. Ich bin zum falschen Zeitpunkt da, um den internationalen Zirkus um die Boliden verfolgen zu können. Das Rennen findet erst zwei Wochen später statt.

Der Taxifahrer bringt mich zu meinem Hotel, in dem ich nicht mehr als eine Stunde Zeit habe, um mich frisch zu machen, bevor ich erneut abgeholt werde, um meine Destination *Mohamed Bin Zayed University of Artificial Intelligence* (MBZUAI) zu erreichen. Sie lesen richtig. In Abu Dhabi ist eine eigene KI-Universität entstanden, und zwar unter der Schirmherrschaft des Kronprinzen des Emirats. Scheinbar heimlich hat sich das kleine Emirat zu einer ernst zu nehmenden Größe im Wettrennen um die Vorherrschaft der KI-Entwicklung gemausert. Mittlerweile steht das kleine Emirat wohl möglich schon an dritter Position nach China und den USA.[1]

Angekommen

Der Taxifahrer verringert das Tempo und teilt mir mit, dass wir nun an der KI-Universität ankommen. Er ist so nett, mich noch durch ein Gebäude mit Start-ups zu begleiten (auch die Raumfahrtindustrie ist hier), bevor ich vor dem Eingang der MBZUAI stehe. Der Campus wirkt in ockerfarbenen Tönen mit einem futuristisch wirkenden Baustil wie aus einer Star-Wars-Landschaft. In großen Lettern findet sich der Name der Universität in arabischer und englischsprachiger Schrift über einer Glaswand, in der sich der Eingang zu den KI-Hallen befindet. Vor Ort habe ich heute eine Reihe von Treffen mit internationalen KI-Forschenden aus sehr unterschiedlichen Bereichen. Besonders viele meiner wissenschaftlichen Begegnungen drehen sich aktuell wenig überraschend um LLMs, die mittlerweile jedem Leser oder jeder Leserin durch ChatGPT geläufig sein sollten. Im Emirat Abu Dhabi verfolgt man einen klaren Plan, nämlich KI-Eliten in die Wüste zu bringen. Und das scheint zu gelingen. In Abu Dhabi ist

---

[1] https://time.com/6958369/artificial-intelligence-united-arab-emirates/

mittlerweile sogar ein eigenes LLM mit dem Namen Falcon gelauncht worden.[2]

Nachdem ich an der MBZUAI angekommen bin und einige Hände geschüttelt habe, wird mir ein Terminplan für den Tag ausgehändigt. Nach meinem Vortrag werde ich die Gelegenheit bekommen, mit einigen Forschenden vor Ort zu sprechen. Ich fühle mich zunächst ein wenig unbehaglich, da ich selbst keine KI-Produkte baue, sondern als Psychologe vor Forschenden sprechen, die den ganzen Tag nichts anderes tun, als sich mit der Entwicklung von KI-Systemen zu beschäftigen. Mein Vortrag über KI und Gesellschaft stößt dann aber zum Glück auf sehr positive Resonanz. Ein Kollege sagt mir sogar, dass er bei heutigem Eintritt in die Wissenschaft meinen Fachbereich der Entwicklung von KI-Modellen vorziehen würde. Für ihn viel spannender! Sehr freundlich.

Die Modalitäten eines selbstfahrenden Fahrzeugs

Ein Highlight folgt bei meinem Besuch in Abu Dhabi, als wir zum Abendessen aufbrechen. Ein Kollege führt mich in die Tiefgarage. Dort wartet ein autonom fahrendes Shuttle auf uns, der uns einmal durch die Tiefgarage fahren wird. In dem Fahrzeug sind lediglich Sitzgelegenheiten zu finden. Sobald wir Platz genommen haben, geht die Fahrt los. Das Auto fährt, wie auf unsichtbaren Gleisen, durch die beleuchtete Tiefgarage. Was würde wohl passieren, wenn nun überraschend ein anderes Fahrzeug auftaucht oder jemand die Fahrbahn betritt? Dieses Szenario

---

[2] https://dig.watch/updates/abu-dhabi-takes-the-lead-in-ai-development-with-new-falcon-model

bleibt uns glücklicherweise erspart. Ich gehe aber davon aus, dass eine solche Situation häufig genug getestet worden ist. Zudem gibt es mittlerweile genügend Studien darüber, in denen unterschiedliche Dilemmata rund um die Entscheidungen einer KI im Straßenverkehr diskutiert worden sind.[3] Wie sollte die KI in autonom fahrenden Fahrzeugen beispielsweise reagieren, wenn sie zur Auswahl hat, die Person im Fahrzeug zu retten, dafür aber ein anderes Auto mit einem Passagier in Lebensgefahr zu bringen? Dies ist eine interessante philosophische und psychologische Frage, der ich an dieser Stelle nicht nachgehen will. Der Titel dieses Kapitels zielt schließlich auf den *Modalitätsbegriff* ab. Wie ich bereits im Kontext des IMPACT-Rahmenwerks ausgeführt habe, könnte die Modalität der KI sehr wichtig sein, um zu verstehen, welche Haltung Menschen gegenüber KI entwickeln. Schauen wir uns zur Erläuterung dieses Gedankens exemplarisch die Modalitäten des selbstfahrenden Fahrzeugs in der Tiefgarage unterhalb der Universität in Abu Dhabi an.

Zunächst muss das selbstfahrende Auto über die Fähigkeit verfügen, die Umgebung wahrzunehmen bzw. sehen zu können. Deswegen ist bei der Entwicklung eines selbstfahrenden Fahrzeugs auch der Forschungsbereich der Computer Vision enorm wichtig, der sich genau mit dieser Modalität der KI beschäftigt. Die Fähigkeit zu sehen (bzw. Bilderdaten zu verarbeiten) ist nicht die einzige Modalität, die ich heranziehen kann, um das selbstfahrende Fahrzeug an der MBZUAI zu beschreiben. Bei selbstfahrenden Fahrzeugen spielt ebenfalls die Verarbeitung von akustischen Signalen eine große Rolle oder auch das Verarbeiten von Informationen, die Einblicke in

---

[3] Saber, E. M., Kostidis, S. C., & Politis, I. (2024). Ethical Dilemmas in Autonomous Driving: Philosophical, Social, and Public Policy Implications. In *Deception in Autonomous Transport Systems: Threats, Impacts and Mitigation Policies* (pp. 7–20). Cham: Springer International Publishing.

unterschiedliche Lichtverhältnisse geben. Jenseits dieser Modalitäten, die im Kontext der Wahrnehmung der KI eine große Rolle spielen, gibt es aber auch Modalitäten, die auf die Kontrolle über die KI abzielen.

Kommen wir beispielhaft auf die Modalität der Entscheidungsmöglichkeit für die Nutzenden eines KI-Systems zu sprechen. Das beschriebene autonome Fahrzeug hat mir als Passagier keinerlei Möglichkeit gegeben, in den Verkehr einzugreifen. Die einzige Wahl, die mir in der Tiefgarage blieb, war darüber zu entscheiden, ob ich überhaupt in das Fahrzeug in der Tiefgarage unter der Universität einsteigen möchte, um mich von einem definierten Punkt A zu einem festgelegten Punkt B zu bringen. Sobald ich in dem Fahrzeug sitze und die Fahrt losgegangen ist, kann ich das Fahrzeug nicht mehr beeinflussen. Ich bin der KI in dem Fahrzeug dann bis zum Erreichen des Ziels ausgeliefert. Wohler wäre mir gewesen, wenn ich die Möglichkeit gehabt hätte, bei Bedarf das Auto auch selbst steuern zu können. Von der Logik her sollten also KI-Systeme, die den Nutzenden möglichst viele Freiheiten bei den Einstellungen eines autonom fahrenden Shuttles oder Autos überlassen, besonders positiv gesehen werden.

Ein Merkmal wie die Fähigkeit, die Umgebungsreize zu verarbeiten, oder das Ermöglichen von Entscheidungen aufseiten der Nutzenden eines KI-Systems stellen nur ausgewählte Beispiele für die Modalitäten einer KI dar. In einem vor Kurzem erschienenen Übersichtskapitel hat mein Kollege Magnus Liebherr einige weitere Modalitäten ins Visier genommen.[4] Darunter fallen beispielsweise auch Kategorien wie die Adaptivität oder der Grad der Personalisierung einer KI.

---

[4] Liebherr, M. (2024). Modalities of AI Operations and Their Impact on Users' Attitude Towards AI. In *The Impact of Artificial Intelligence on Societies: Understanding Attitude Formation Towards AI* (pp. 25–40). Cham: Springer Nature Switzerland.

10

Ich und die KI

Zeige mir Deine Social-Media-Daten und ich weiß, wer Du bist

Apply Magic Sauce[1] steht nicht für Maggi oder ein anderes Produkt zum Würzen von Essen. Stattdessen handelt es sich um eine Software, die Sie mit dem eigenen Social-Media-Konto verknüpfen können, um zu erfahren, welche Persönlichkeitsstruktur Sie haben. Wie gelingt der KI von der *University of Cambridge* eine solche Schätzung aufgrund Ihrer Social-Media-Daten? Ich habe mich in meinem Buch *Du gehörst uns!*[2] im Detail über den Zusammenhang zwischen digitalen Fußabdrücken und der Struktur unserer Persönlichkeit ausgelassen. Deswegen will

---

[1] https://mydata.applymagicsauce.com/login

[2] Montag, C. (2021). *Du gehörst uns!: Die psychologischen Strategien von Facebook, TikTok, Snapchat & Co.* Karl Blessing Verlag.

ich das Themengebiet sowie eine Einführung in den Persönlichkeitsbegriff an dieser Stelle möglichst kurzhalten.

Es ist in der psychologischen Forschung schon lange bekannt, dass man über das Studium der menschlichen Sprache Einblicke in unsere Persönlichkeit gewinnen kann. Diese Idee geht auf einen fast hundert Jahre alten Ansatz in der akademischen Psychologie zurück, der auch als Sedimentations-Hypothese oder lexikalischer Ansatz bekannt ist.[3] Der Grundgedanke: Wir nutzen Sprache im Alltag, um uns selbst und andere zu charakterisieren. Wenn man die Beschreibungen von Menschen mithilfe statistischer Verfahren auswertet, so fällt auf, dass bestimmte Eigenschaftsworte häufig miteinander auftauchen. Beispielsweise wird eine Person als gesellig, lebendig und durchsetzungsstark beschrieben. Aufgrund der Beobachtung, dass manche Adjektive überzufällig miteinander in den Beschreibungen von Personen auftauchen, gehen Psychologen und Psychologinnen davon aus, dass sich hinter solchen Beschreibungsmustern eine Persönlichkeitsdimension wie Extraversion verbirgt. Weil man die Lebendigkeit oder Durchsetzungsstärke einer Person beobachten kann, spricht man auch von einer manifesten Variable. Die Persönlichkeitseigenschaft (hier Extraversion) wird als Variable hinter dem Datenmuster angenommen und deswegen als latente Variable beschrieben (siehe Abb. 10.1). Ein latente Variable könnte man auch als eine verborgene Variable verstehen.

---

[3] Montag, C., & Elhai, J. D. (2019). A new agenda for personality psychology in the digital age? *Personality and Individual Differences, 147,* 128–134.

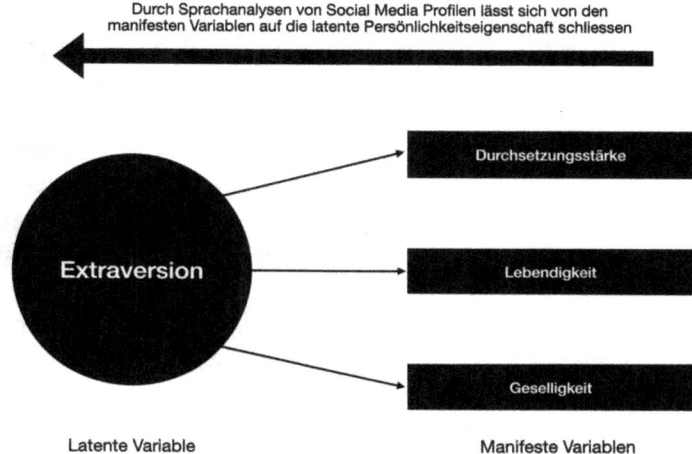

Abb. 10.1 Durch den lexikalischen Ansatz konnte herausgearbeitet werden, dass hinter manifesten Eigenschaften einer Person latente Persönlichkeitsfaktoren zu finden sind (Beispiel Extraversion in der Abbildung). Sprachanalysen von Social-Media-Profilen ermöglichen deswegen auch Einblicke in die Persönlichkeit der Nutzenden

Die Großen Fünf der Persönlichkeit

Die beschriebenen Sprachanalysen haben zu dem anerkannten Big-Five-Persönlichkeitsmodell geführt. Dieses lässt sich einfach durch ein weiteres Akronym in diesem Buch zusammenfassen: OCEAN. OCEAN steht für Openness (Offenheit für Erfahrungen), Conscientiousness (Gewissenhaftigkeit), Extraversion (gleicher Name in der deutschen Sprache), Agreeableness (Verträglichkeit) und Neuroticism (Neurotizismus). Auf jeder dieser Persönlichkeitsdimensionen haben Menschen einen bestimmten Ausprägungsgrad, den man per Fragebogen messen kann. Das heißt, jede dieser Dimensionen hat zwei Pole wie Extraversion vs. Introversion oder Neurotizismus vs. emotionale Stabilität.

Um die Ergebnisse in diesem Kapitel richtig zu verstehen, ist die Erkenntnis wichtig, dass die menschliche Persönlichkeit relativ stabil ist.[4] Gerade im Erwachsenenalter ist eine Veränderung der eigenen Persönlichkeit ohne großen Aufwand nur in Nuancen möglich. Diese Erkenntnis bezieht sich auf Ergebnisse von längsschnittlichen Studien, in denen es nicht zu krankhaften Veränderungen des Gehirns gekommen ist. Aus der Erkenntnis könnte man übrigens ableiten, dass es besser ist, sich eine Nische zu suchen, in der man mit der eigenen Persönlichkeit gut hineinpasst, als sich immer wieder verbiegen zu müssen. Für die folgenden Studienergebnisse heißt dies, dass die Persönlichkeit wahrscheinlich Einfluss darauf nimmt, welche Haltung Menschen gegenüber KI entwickeln. Dies kann aufgrund der folgenden Studien nur vor dem Hintergrund der Stabilität der Persönlichkeit herausgearbeitet werden, da die Studien nicht auf einem Längsschnitt beruhen, sondern lediglich die Persönlichkeit und Einstellungen gegenüber KI zu einem einzigen Zeitpunkt gemessen haben. Bei einer längsschnittlichen Studie würde man die Studienteilnehmenden über mindestens zwei Zeitpunkte hinweg befragen, um einen zeitlichen Ablauf untersuchen zu können.

Persönlichkeit und Einstellungen gegenüber KI

Die eigene Persönlichkeit hat auch etwas damit zu tun, wie wir die Welt sehen. Wenn Sie sich auf den Social-Media-Kanälen äußern und dort etwa schreiben, dass für Sie das Glas eher halb leer als halb voll ist, kann dies auch auf

---

[4] Costa Jr, P. T., McCrae, R. R., & Löckenhoff, C. E. (2019). Personality across the life span. *Annual Review of Psychology, 70*(1), 423–448.

Grundtendenzen Ihrer Persönlichkeit zurückgehen. Wenn Sie in Ihrem Geschriebenen eher pessimistisch als optimistisch klingen, ist dies möglicherweise auch auf ein Plus an Neurotizismus zurückzuführen.[5] Diese Persönlichkeitseigenschaft ist mit mehr Erleben von negativen Emotionen assoziiert.

Vor diesem Hintergrund kann der „Maggi-Service" der University of Cambridge tatsächlich über das Studium des verwendeten Wortschatzes auf den sozialen Medien etwas über die Persönlichkeit von Menschen aussagen. Es handelt sich dabei nicht um die einzigen Datenspuren, die etwas über Ihre Persönlichkeitsstruktur verraten. So kann auch die Stärke des emotionalen Ausdrucks auf den Bildern der Social-Media-Profile Einblicke in Persönlichkeitseigenschaften geben:[6] In einer Studie zeigte sich, dass Menschen, die auf Ihrem Profilbild etwas mehr lächeln, eher über sich selbst berichteten, ein wenig mehr verträglich zu sein.

Inwieweit ist das aber alles relevant, um die Haltung gegenüber KI zu verstehen? Gerade erscheinen zunehmend mehr wissenschaftliche Arbeiten,[7] die zeigen, dass

---

[5] Kam, C., & Meyer, J. P. (2012). Do optimism and pessimism have different relationships with personality dimensions? A re-examination. *Personality and Individual Differences, 52*(2), 123–127.

[6] Marengo, D., Settanni, M., & Montag, C. (2022). Dataset on individual differences in self-reported personality and inferred emotional expression in profile pictures of Italian Facebook users. *Data in Brief, 41,* 107899.

[7] Park, J., & Woo, S. E. (2022). Who likes artificial intelligence? Personality predictors of attitudes toward artificial intelligence. *The Journal of Psychology, 156*(1), 68–94.
Stein, J. P., Messingschlager, T., Gnambs, T., Hutmacher, F., & Appel, M. (2024). Attitudes towards AI: measurement and associations with personality. *Scientific Reports, 14*(1), 2909.
Kaya, F., Aydin, F., Schepman, A., Rodway, P., Yetişensoy, O., & Demir Kaya, M. (2024). The roles of personality traits, AI anxiety, and demographic factors in attitudes toward artificial intelligence. *International Journal of Human–Computer Interaction, 40*(2), 497–514.

unterschiedliche Ausprägungen von Persönlichkeit mit der eigenen Haltung gegenüber KI im Zusammenhang stehen können. In einer frühen Arbeit zu diesem Thema haben wir in China und Deutschland die Einstellung gegenüber KI mit den Aussagen aus Tab. 8.1 untersucht.[8] Zunächst zeigte sich in dieser Studie, dass die Zusammenhänge zwischen den Big Five der Persönlichkeit und Einstellungen zu KI eher schwach ausfielen. Ein Zusammenhang konnte aber sowohl in Deutschland und China beobachtet werden. Menschen, die mehr zum Neurotizismus und damit zu mehr negativen Emotionen im Alltag tendieren, neigten auch dazu, vermehrt von Furcht vor KI zu berichten. Die Ergebnislage ist allerdings aktuell über die Studien hinweg durchaus heterogen, was möglicherweise auf unterschiedlich eingesetzte Messverfahren zu KI-Einstellungen, Unterschiede in der Stichprobenzusammensetzung und auf andere Variablen zurückzuführen ist.

Jenseits der Persönlichkeit

Nun sind Persönlichkeitseigenschaften nur ein Beispiel für die P-Variable bzw. Personenvariable innerhalb des IMPACT-Rahmenwerks. Grundsätzlich sind im Rahmen der P-Kategorie Variablen angedacht, in denen sich Menschen unterscheiden. Das kann auch das Alter oder Geschlecht einer Person sein. Auch wenn die Befundlage noch vorläufig ist, konnten wir in manchen Datensätzen negative Zusammenhänge zwischen Alter und einer positiven Einstellung gegenüber KI beobachten. Dies heißt, je jünger

---

[8] Sindermann, C., Yang, H., Elhai, J. D., Yang, S., Quan, L., Li, M., & Montag, C. (2022). Acceptance and fear of Artificial Intelligence: associations with personality in a German and a Chinese sample. *Discover Psychology, 2*(1), 8.

die Leute sind, desto positiver fällt die Einstellung gegenüber KI aus. In einer deutschsprachigen Stichprobe konnten wir zudem beobachten, dass Männer im Vergleich zu Frauen durchschnittlich über eine positivere Haltung gegenüber KI berichteten. In China wurde ein ähnlicher Effekt beobachtet, die Unterschiede zwischen Männern und Frauen vielen dabei aber deutlich geringer aus[9].

---

[9] Sindermann, C., Sha, P., Zhou, M., Wernicke, J., Schmitt, H. S., Li, M., ... &Montag, C. (2021). Assessing the attitude towards artificial intelligence: Introduction of a short measure in German, Chinese, and English language. KI-Künstliche Intelligenz, 35(1), 109-118.

11

In welchem Bereich wird die KI eingesetzt?

Unterwegs mit der Mass Rapid Transit (MRT) in Singapur

Ich gehe von meinem Hotel zur MRT-Haltestelle Jurong East im Westen von Singapur. Die MRT bringt einen schnell in alle Winkel des Stadtstaats. Mein Weg zur MRT-Bahn führt mich morgens an Reparaturständen für Smartphones, dann an einer auf westlich gemachten Bäckerei sowie an mehreren 24-h-Supermärkten vorbei. Es ist um die Uhrzeit schon ziemlich belebt auf den Straßen Singapurs. Als die Ampel auf die grüne Farbe springt, gehe ich mit unzähligen Menschen über die breit angelegte Straße und gelange dann über eine Großbaustelle zum Einstieg in den Bereich der MRT-Bahn. Die Großbaustelle an der Haltestelle lässt leicht erahnen, dass sich Singapur für viele neue Fahrgäste bereit macht.[1]

In Singapur, wie in anderen großen asiatischen Städten, zahlt man für die Distanz der gefahrenen Strecke, indem man beim Einstiegsdrehkreuz die Fahrkarte auf dem Smartphone scannt. Damit teile ich dem System mit, zu welcher Uhrzeit und an welcher Stelle des weitverzweigten MRT-Netzwerks ich eingestiegen bin. Beim Ausstieg aus der MRT logge ich mich durch einen weiteren Scan am Ausgang wieder aus. Damit sammelt das System täglich Informationen über viele tausende Fahrten. Dadurch ergibt sich ein gigantischer Datenschatz, der auch mithilfe eines KI-Systems ausgewertet werden kann, um herauszufinden, wo in Singapur zu welcher Uhrzeit das meiste Passagieraufkommen zu beobachten ist. Durch die erzielten Erkenntnisse lässt sich der Verkehr geschickter leiten. Weiterhin kann dadurch Personal gezielt eingesetzt werden, um an den besonders heißen Knotenpunkten des MRT-Netzwerkes den Transport pünktlich sicherzustellen. Und wie sieht das mit den Buslinien in Singapur aus?

Busfahren in Singapur und KI

Ich steige an der MRT-Haltestelle Pioneer aus, um dort in den Bus 147 zu steigen, der mich dann zur Nanyang Technological University bringt. Als ich in den Bus einsteige, ergibt sich für mich ein vergleichbares Bild wie in der MRT. Einloggen mit der Karte über einen Kontaktpunkt und beim Ausstieg ebenfalls Ausloggen mit der Karte über

---

[1] https://www.railway-technology.com/news/construction-jurong-region-line/?cf-view

einen Kontaktpunkt. Das Einzige, was hier noch sehr analog passiert, ist der Busfahrer, der sich lautstark bemerkbar macht, wenn jemand es versäumt, den Kontaktpunkt mit der Karte oder Smartphone zu swipen.

Auf einem großen Aufkleber an der Tür des Busses wird den Mitfahrenden erläutert, warum dieser Verhaltenskodex wichtig ist: „By tapping out you avoid paying more and provide more accurate data on bus trips and crowding. This will allow us to create a better experience for your bus journey."

Wenn Sie kurz über dieses Beispiel sinnieren, wie ist Ihre Einstellung zu dem gerade geschilderten System in Singapur? Ich persönlich finde es schön, wenn ich in leeren Bussen fahre und nicht in einem überfüllten Bus stehen muss. Klar ist aber, dass nur durch intelligente Auswertungen – hier über die KI – Sinnvolles aus den Daten herausgelesen werden kann. Singapur hat mithilfe der KI den Verkehr entlasten können, was sich unter anderem in 15 % weniger Wartezeit auf den Bus und in der MRT niedergeschlagen hat.[2]

Das Transportbeispiel aus Singapur zeigt, wie versteckt KI mittlerweile in vielen Bereichen der Gesellschaft operiert und wie komplex eine Einschätzung über die Folgen eines KI-Systems ausfallen kann. Der Bereich der KI-Anwendung – *Area* im IMPACT-Rahmenwerk – spielt also eine große Rolle. Wechseln wir vom Transport zu den sozialen Medien, um einen weiteren Bereich zu beleuchten, in dem KI eine große Rolle spielt.

---

[2] https://medium.com/@dirsyamuddin29/driving-the-future-how-ai-is-powering-singapores-smart-city-vision-for-2030-7d371db705fd

Social Media ist ohne KI nicht mehr vorstellbar

Aktuell haben ca. fünf Milliarden Menschen ein Social-Media-Konto und eine ebenso große Zahl wird für Smartphone-Nutzende geschätzt. Damit ist auch klar, dass ein Großteil der Menschheit bereits heute regelmäßig einen Service nutzt, dessen Kernfunktionen auf KI fußen. Menschen nehmen in diesem Fall aber sicherlich zumeist nicht wahr, dass sie mit einer KI interagieren.

Am Beispiel Social Media lässt sich schön zeigen, dass der Bereich der KI, in dem die KI operiert, sehr unterschiedliche Folgen für die Nutzenden und Gesellschaften haben kann. Aktuell sorgt die KI auf den Social-Media-Plattformen dafür, dass der Newsfeed von Personen entsprechend den eigenen Interessen mit Nachrichten bestückt wird.[3] Dies ist ein Teil des Geschäftsmodells der Industrie, um die sozialen Medien interessant zu gestalten und die Nutzenden auf den Plattformen zu halten. Der Vorteil für die Nutzenden liegt darin, dass in den Weiten der Social-Media-Plattformen unglaublich viele Informationen vorhanden sind und eine KI dabei hilft, interessante Beiträge automatisch herauszusuchen. Auf der anderen Seite entscheidet eine KI nun darüber, was Personen (nicht) zu sehen bekommen, und zudem wird seit Jahren in diesem Zusammenhang über Filterblasen diskutiert, die das Weltbild von Personen einengen könnten.[4]

---

[3] Salma, B., Fatima, T., Sara, A., & Merieme, B. (2024, April). Artificial intelligence in social media: from content personalization to user engagement. In *The International Workshop on Big Data and Business Intelligence* (pp. 45–52). Cham: Springer Nature Switzerland.

[4] Pariser, E. (2011). *The filter bubble: How the new personalized web is changing what we read and how we think.* Penguin.

Mit dem Einsatz der KI werden auf den sozialen Medien aber auch andere Ziele verfolgt. Beispielsweise unterstützt die KI die Unternehmen dabei, Hassrede und Desinformationskampagnen erfolgreich von den Plattformen zu verbannen. Ohne KI würden die Unternehmen der Social-Media-Plattformen nur einen Bruchteil der bedenklichen Inhalte auf schnellem Weg entsorgen können. Der Konzern Meta berichtete, dass 97 % der weggenommenen Hassreden auf Facebook in den letzten drei Monaten des Jahres 2020 rein auf das Erkennen einer KI zurückzuführen waren.[5] Auf der anderen Seite ermöglicht die KI das Erstellen von Deepfakes, also täuschend echter Onlineinhalte, die zur Desinformation eingesetzt werden.

An den wenigen Beispielen zeigt sich erneut, dass der Bereich, in dem die KI eingesetzt wird, zentral ist, um zu verstehen, ob die Implementierung einer KI eher positive oder negative Folgen haben wird. Das Ganze lässt sich auch mit einer weiteren Statistik belegen. In einer kleinen Studentenstichprobe (15 Männer, 49 Frauen; mittleres Alter: 22,23, Standardabweichung = 5,04) untersuchte ich mithilfe eines neuen Fragebogens[6] die Einstellungen gegenüber KI in drei Bereichen, und zwar Gesundheit, Arbeit und Bildung. Wie sich in der Abb. 11.1 zeigt, gaben die Psychologie-Studierenden an, besonders im Bereich Bildung und Arbeit eine (eher) positive Haltung gegenüber KI zu haben. Der Bereich Gesundheit fällt dagegen etwas ab.

---

[5] https://ai.meta.com/blog/ai-gets-better-every-day-heres-what-that-means-for-stopping-hate-speech/
[6] Gnambs, T., Stein, J. P., Appel, M., Griese, F., & Zinn, S. (2025). An economical measure of attitudes towards artificial intelligence in work, healthcare, and education (ATTARI-WHE). *Computers in Human Behavior: Artificial Humans, 3*, 100.106.

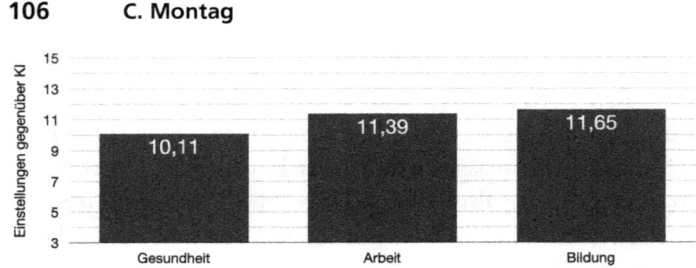

Abb. 11.1 Einstellungen gegenüber KI sind von dem Bereich abhängig, in dem sie eingesetzt wird

12

Land und Leute im KI-Zeitalter

In Singapur setzt man auf lebenslanges Lernen – in der EU auf Regulierung

Am 26. Februar 2024 steht ein Politiker im Parlament von Singapur auf und hält eine Rede, die es in sich hat. Dr. Tan Wu Meng gesteht ein, dass er sich geirrt hat. Der technische KI-Fortschritt ist gewaltiger, als er sich das vor Kurzem vorstellen konnte. Es kommt alles schneller als gedacht. Die KI-Welle macht den Globus rund. Und wie kann ein kleines Land wie Singapur adäquat reagieren?

Im Gegensatz zu der angstgetriebenen Regulierung durch die EU spricht sich die Regierung von Singapur für eine interessante Alternativlösung aus. Bürger und Bürgerinnen ab einem Lebensalter von 40 Jahren sind nach Auffassung Singapurs schon zu lange weg aus dem Bildungsbetrieb. Deswegen wird ihnen das Angebot gemacht, ein voll bezahltes Studium aufzunehmen, um sich für die kommende KI-Welle aufzuschlauen. Lebenslanges Lernen als Lösung, weil „wir uns nicht vor den Veränderungen verstecken können". Zudem „müssen wir die Welt akzeptieren, wie sie ist … und danach schauen, wie wir unsere Bürger und Bürgerinnen unterstützen, ermächtigen und inspirieren können."[1] Das sitzt.

Weltweit wird darüber gestritten, welche politische Antwort auf die KI-Revolution die richtige Lösung darstellt. Während Singapur neben dem Fokus auf lebenslanges Lernen vor allen Dingen wirtschaftliche Aspekte der KI betrachtet, geht die EU mit dem Artificial Intelligence Act (AIA) den harten Regulierungsweg. Die EU setzt darauf, die Industrie stark in die Haftung zu nehmen, um sicherzustellen, dass ausschließlich vertrauenswürdige KI auf dem europäischen Kontinent in Betrieb genommen wird. Um dieses Ziel zu erreichen, werden KI-Produkte in unterschiedliche Risikoklassen einsortiert. Diese Klassen reichen von einem niedrigen Risiko bis hin zu einem inakzeptablen Risiko, wobei letztere Produktklasse kategorisch von der EU verboten wird. Beispiele hierfür wären KI-Systeme, die zur Echtzeitüberwachung von Menschen eingesetzt werden. Ein auf KI basierender Spamfilter für Ihr E-Mail-Postfach würde dagegen durch ein niedriges Risiko gekennzeichnet sein und als Konsequenz nicht reguliert.[2]

---

[1] https://www.youtube.com/watch?v=X7NuuUsh3pE; „we can't hide from these changes" … „we have to accept the world as it is … and look after support, empower, uplift our people."
[2] https://www.statworx.com/content-hub/blog/der-ai-act-kommt-diese-risikoklassen-sollte-man-kennen/

Ein näherer Blick auf den Artikel 5(1)(a) des AIA

Ich persönlich halte KI-Risikoklassen zunächst für eine gute Idee, um nicht alle KI-Produkte bzw. KI-Systeme über einen Kamm zu scheren. Der Weg zum Etablieren einer vertrauenswürdigen KI ist aber nicht trivial und kann schnell in einem Bürokratiemonster ausarten, das dann eine Überregulierung zur Konsequenz hat. Um das näher zu illustrieren, schauen wir uns einen Paragrafen des europäischen AIA genauer an. Anhand dieses Paragrafen lassen sich meines Erachtens die Probleme rund um den AIA illustrieren. Ich werde dies an dieser Stelle nur skizzenhaft tun. Interessierte verweise ich gerne auf eine Fachpublikation, die in *Nature Machine Intelligence* unter meiner Beteiligung veröffentlicht wurde.[3] Legen wir los. In Artikel 5(1)(a) des europäischen AIA findet sich folgender Gesetzestext:

„1. Die folgenden AI-Praktiken sind verboten:
(a) das Inverkehrbringen, die Inbetriebnahme oder die Verwendung eines KI-Systems, das unterschwellige Techniken, die sich dem Bewusstsein einer Person entziehen, oder absichtlich manipulative oder täuschende Techniken einsetzt, mit dem Ziel oder der Wirkung, das Verhalten einer Person oder einer Personengruppe dadurch wesentlich zu beeinflussen, dass ihre Fähigkeit, eine sachkundige Entscheidung zu treffen, spürbar beeinträchtigt wird, wodurch sie veranlasst wird, eine Entscheidung zu treffen, die sie andernfalls nicht getroffen hätte, und zwar in einer Weise, die dieser Person, einer anderen Person oder einer Personengruppe

---

[3] Montag, C., & Finck, M. (2024). Successful implementation of the EU AI Act requires interdisciplinary efforts. *Nature Machine Intelligence*, 6(12), 1415–1417.

einen erheblichen Schaden zufügt oder mit hinreichender Wahrscheinlichkeit zufügen wird; ..."[4]

Nach dem ersten Lesen des sperrigen Textes musste ich das Ganze erst mal ein wenig verdauen. Um ehrlich zu sein, habe ich den Text mehrmals lesen müssen, um zu verstehen, was dort eigentlich steht. In Kürze - und sehr vereinfacht gesagt - wird der Einsatz von KI-Praktiken verboten, die erheblichen Schaden erzeugen (können). In dem Gesetzestext finden sich aber weitere Passagen, die meine Aufmerksamkeit als Psychologe erregen, und dies nicht nur, weil in einer früheren Fassung dieses Gesetzestextes auch von *psychologischem* Schaden die Rede gewesen ist.[5] Es finden sich in der kurzen Passage einige Begrifflichkeiten, die in meinem Fachbereich zu verorten sind. Schauen wir genauer hin.

Ist der AIA der EU zu schwammig?

Das Hauptproblem in diesem Artikel des AIA für mich ist, dass die meisten verwendeten Begrifflichkeiten in dem Gesetzestext ziemlich schwammig sind bzw. dass unklar ist, wie man sie denn genau auslegen soll. Was genau sollen unterschwellige Techniken sein, die sich dem Bewusstsein einer Person entziehen? Können wir einen Vergleich ziehen zu der unterschwelligen Präsentation von Cola-Werbung im Kino, von der fälschlicherweise behauptet wurde, dass sie in den 50er-Jahren stattgefunden hat?[6] Und wie

---

[4] https://artificialintelligenceact.eu/de/article/5/
[5] Pałka, P. (2023). AI, Consumers & Psychological Harm. *AI and Consumers, Larry DiMatteo, Cristina Poncibò, Martin Hogg, Geraint Howells (Eds.), Cambridge University Press (2023/2024).*
[6] https://de.wikipedia.org/wiki/Iss-Popcorn-trink-Cola-Studie

kann man genau nachweisen, dass eine Person tatsächlich nicht Kenntnis von der eingesetzten KI hatte? Eine Beweisführung wird nicht einfach sein.

Weiterhin wird die unterschwellige Präsentation durch eine KI zudem nicht ausreichend sein, um die KI zu regulieren, da es auch zu besagtem erheblichem Schaden aufseiten der Nutzenden eines KI-Systems aufgrund des KI-Einsatzes (wahrscheinlich) kommen muss bzw. kommen könnte. Was ist mit erheblichem Schaden genau gemeint? Und so könnten wir weiter in dem Gesetzestext herumbohren und kämen mit zahlreichen weiteren Unklarheiten um die Ecke.

Für mich ergibt sich aufgrund dieser Form der Regulierung die Frage, ob durch die Einführung des AIA Innovation im Digitalsektor in der EU verhindert wird. Wenn unklar ist, wie ein Gesetzestext auszulegen ist, werden KI-Entwickler und -Entwicklerinnen ihre Produkte nicht in der EU, sondern woanders entwickeln. Und den meisten Juristen und Juristinnen in der Gesetzgebung sollte doch klar sein, dass es sich bei der KI um eine Schlüsseltechnologie und Form der Innovation handelt, die dringend in der EU gebraucht wird. Abschreckend werden für ein Investment der Industrie allerdings die saftigen Strafen sein: Bis zu 35 Mio. Euro an Strafgeldern oder bis zu 7 % des weltweiten Jahresumsatzes eines (vorangegangenen) Geschäftsjahres sind bei Nichteinhalten des AIA angekündigt worden.[7] Mit der kritischen Haltung gegenüber dem AIA stehe ich nicht allein dar, wie kürzliche Medienberichte zeigen.[8]

---

[7] https://www.emergobyul.com/news/european-artificial-intelligence-act-penalties-and-timelines

[8] https://www.merkur.de/wirtschaft/wie-die-eu-mit-strenger-regulierung-potenziale-bei-ki-verschenkt-zr-93587754.html; https://www.dw.com/de/eu-erdrückt-regulierung-künstliche-intelligenz/a-70385729

Kulturelle Unterschiede in Einstellungen gegenüber KI

Wie durch den Titel dieses Kapitels deutlich wird, beschäftigen wir uns hier mit den Country/Culture-Variablen des IMPACT-Rahmenwerks. Dem Rahmenwerk folgend haben unterschiedliche Formen der Regulierung, aber auch kulturelle Variablen Einfluss darauf, wie wir die KI-Technologie wahrnehmen. Dafür möchte ich neben dem Ausflug in die EU und Singapur auch China einen kurzen Besuch abstatten.

Die Titelstory am 21. Februar 2024 in der China Daily lautete „Proactive coworkers adapt to AI". Obwohl der Artikel auch die Schattenseite wie mögliche Massenentlassungen durch KI thematisiert (laut Artikel sind 27 % der Jobs in Gefahr), wird durch den Titel schon deutlich, dass die Lesenden der Zeitung dazu aufgefordert werden, sich im KI-Bereich weiterzubilden, um nicht den Anschluss zu verlieren. Der Artikel geht dann auf Seite 3 der China Daily zu Ende und dort findet sich der Titel „AI: Efforts made to turn challenge into advantage". Ähnlich wie in Singapur signalisiert der Artikel aus China, dass die Verantwortung für einen erfolgreichen Umgang mit der KI-Revolution auch aufseiten der Nutzenden zu suchen ist. In anderen Worten wird mehr auf Eigenverantwortung gesetzt.

Damit bleibt die Frage, ob diese unterschiedlichen Formen der politischen Regulierung bzw. die Form der Berichterstattung einen bleibenden Eindruck in der Bevölkerung hinterlässt? Es gibt Belege, die durchaus für diese Überlegungen sprechen könnten. In zwei eigenen Studien, in denen wir Studienteilnehmende aus Deutschland und China verglichen, zeigte sich beides Mal, dass in China im Durchschnitt deutlich positivere Haltungen gegenüber KI

12 Land und Leute im KI-Zeitalter

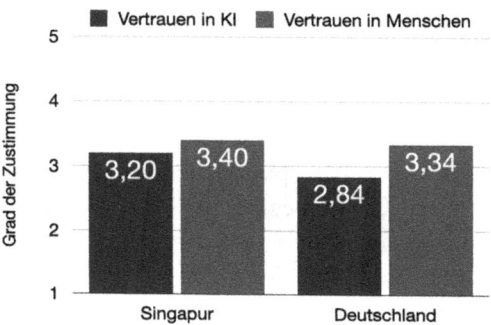

Abb. 12.1 In Singapur wurde durchschnittlich höheres Vertrauen in KI im Vergleich zu Deutschland berichtet. Zudem zeigte sich, dass sowohl in Singapur als auch in Deutschland das Vertrauen in KI durchschnittlich geringer ausfiel als Vertrauen in Menschen (siehe Montag, Becker & Li, 2024; Fußnote 10)

berichtet wurden.[9] Ähnliches beobachteten wir auch im direkten Vergleich von Vertrauen in KI, wenn wir eine deutsche Stichprobe mit einer Stichprobe aus Singapur verglichen.[10] In Abb. 12.1 sehen wir durchschnittlich höhere Vertrauenswerte in KI in Singapur im Vergleich zu einer deutschen Stichprobe. In beiden Ländern zeigt sich zudem, dass Menschen (wenig überraschend) stärkeres Vertrauen in Menschen als in eine KI berichteten, wobei dieser Kontrast in Deutschland stärker ausgeprägt war als in Singapur.

---

[9] Sindermann, C., Yang, H., Elhai, J. D., Yang, S., Quan, L., Li, M., & Montag, C. (2022). Acceptance and fear of Artificial Intelligence: associations with personality in a German and a Chinese sample. *Discover Psychology, 2*(1), 8.
Sindermann, C., Sha, P., Zhou, M., Wernicke, J., Schmitt, H. S., Li, M., ... & Montag, C. (2021). Assessing the attitude towards artificial intelligence: Introduction of a short measure in German, Chinese, and English language. *KI-Künstliche Intelligenz, 35*(1), 109–118.

[10] Montag, C., Becker, B., & Li, B. J. (2024). On trust in humans and trust in artificial intelligence: a study with samples from Singapore and Germany extending recent research. *Computers in Human Behavior: Artificial Humans 2*(2), 100070.

Kulturelle Aspekte eines Landes und Einstellungen gegenüber KI

Den Country-Begriff aus dem IMPACT-Rahmenwerk haben wir im Sinne der politischen Regulierung nun abgehandelt. Den Kultur-Begriff als weitere Lesart der C-Variable (Culture) haben wir uns aber noch nicht näher angeschaut. Wie lässt sich dieser Begriff im Kontext unserer Fragestellung mit Leben füllen?

Die berühmten Arbeiten des Psychologen Geert Hofstede beschreiben, dass sich Kulturen in bestimmten Wertedimensionen unterscheiden.[11] So unterscheiden sich laut Hofstede Deutschland und China in der Power Distance, also der Distanz, die sich zwischen Arbeitnehmer und Chef oder Studentin und Professorin abbilden könnte. Die akzeptierte Distanz ist, entsprechend den Arbeiten von Hofstede, in China stärker ausgeprägt als in unseren Breitengraden.[12]

Eine weitere psychologische Dimension, in denen sich Kulturen unterscheiden, lautet Kollektivismus vs. Individualismus. Hier wird beschrieben, inwieweit der Bezug auf das Gemeinwohl einer Gruppe versus des Individuums im Alltag die vordergründige Rolle in einer Gesellschaft spielt. Hier würde die chinesische Kultur im Vergleich zu der deutschen Kultur höher auf der Kollektivismus-Dimension anzutreffen sein.

Ich bin davon überzeugt, dass diese kulturellen Dimensionen ebenfalls eine Rolle spielen können, um Unterschiede

---

[11] Hofstede, G., Hofstede, G. J., & Minkov, M. (2010). *Cultures and organizations: software of the mind: intercultural cooperation and its importance for survival.* McGraw-Hill.

[12] Bluszcz, M., & Quan, S. (2016). Cultural comparison between China and Germany based on Hofstede and Globe. *International Journal of Marketing, Financial Services & Management Research,* 5(10), 58–68.

in den Einstellungen gegenüber KI zu erläutern. Wenn die Power Distance beispielsweise ausgeprägter ist, und der Chef in einem Betrieb vorgibt, dass sich alle in dem Unternehmen mit einem KI-System auseinandersetzen sollen, wird das möglicherweise eher passieren, als wenn die Power Distance niedriger ausgeprägt ist. Gehorsam mag hier eine gewisse Rolle spielen, obwohl wir aus der Motivationspsychologie auch wissen, dass gerade die aus dem eigenen Inneren entstehende Motivation entscheidend ist, um nachhaltige Verhaltensveränderungen zu zeigen.

Gibt es bereits empirische Evidenz für weitere Variablen, die in den Kulturbereich fallen und mit KI-Einstellungen in Zusammenhang gebracht worden sind? Die Forschung ist hier noch ganz am Anfang.[13] Eine solche Variable könnte Spiritualität sein, die sich über Kulturen unterschiedlich ausgeprägt wiederfindet. Damit ist nicht unbedingt Religiosität im Sinne einer Religion oder Institution gemeint, sondern dass man sich Teil eines größeren Ganzen (Schöpfung) fühlt und spirituelle Inspiration dabei hilft, die eigenen Unzulänglichkeiten zu überwinden.[14] Interessanterweise konnten wir in einer internationalen Stichprobe beobachten, dass Menschen, die angaben, in diesem Sinne eher spirituell zu sein, zeitgleich eher dazu neigten, eine negativere Haltung gegenüber KI zu besitzen.[15] Möglicherweise sehen Menschen mit Hang zur Spiritualität in der KI-Technologie etwas Bedrohliches,

---

[13] Montag, C., & Ali, R. (2024). On Country and Culture in AI Attitude Research. In *The Impact of Artificial Intelligence on Societies: Understanding Attitude Formation Towards AI* (pp. 133–138). Cham: Springer Nature Switzerland.
[14] Montag, C., Elhai, J. D., & Davis, K. L. (2021). A comprehensive review of studies using the Affective Neuroscience Personality Scales in the psychological and psychiatric sciences. *Neuroscience & Biobehavioral Reviews, 125*, 160–167.
[15] Montag, C., Ali, R., & Davis, K. L. (2025). Affective neuroscience theory and attitudes towards artificial intelligence. *AI & SOCIETY, 40*, 167–174.

was sich negativ auf die Schöpfung auswirkt. Dies ist allerdings nur ein vorläufiges Ergebnis, welches in Zukunft repliziert werden muss. Über die Schattenseiten der KI hinsichtlich der Umweltausbeutung sprachen wir bereits. Vielleicht haben hier spirituelle Menschen einen Punkt.

13

Wie transparent ist die KI?

Auf dem Heimweg nach Köln

Es ist schon dunkel, als ich mit dem Auto auf dem Heimweg bin. Im Radio läuft passend zur Heimfahrt in meine kölsche Heimat ein Song von Niedeckens BAP.

Der Winter war lang und die Windschutzscheibe müsste mal dringend wieder ordentlich gesäubert werden. Am Horizont sehe ich trotz der verdreckten Scheibe den Kölner Dom. Es ist nicht mehr weit, bis ich endlich zu Hause bin.

Beim Autofahren gehen mir genauso wie beim Laufen immer wieder Gedanken durch den Kopf. Das Autofahren stellt wie das Joggen eine automatisierte Tätigkeit dar, die meinem Gehirn Freilauf lässt, um mich mit Dingen zu beschäftigen, die mich gerade umtreiben. Mind-Wandering (Gedanken-Wandern) heißt das in der Fachsprache. Was geht mir gerade durch den Kopf?

Ich bin fast mit der Arbeit an diesem Buch fertig, hänge aber noch an der richtigen Ausgestaltung dieses Kapitels über die Transparenz der KI fest. Die letzten Meter des Schreibens eines Buchs empfinde ich immer als schmerzhaft. Besonders wenn man die letzten gedanklichen Baustellen zu schließen hat. Heißt hier konkret: Wie gelingt es mir am besten, zu erläutern, warum der Transparenz-Faktor so zentral für die richtige Haltung gegenüber einer KI ist? Und was macht Transparenz in puncto KI eigentlich aus?

Transparenz ist mehr als XAI

Transparenz hat im physikalischen Bereich etwas damit zu tun, dass Dinge hell ausgeleuchtet sind, sodass wir klarsehen können. Wenn man so möchte, handelt es sich um das Gegenteil von der beschriebenen Autofahrt nach Köln, wo es dunkel ist und die Windschutzscheibe mal wieder eine Bürste mit Schaum gebraucht hätte. Wie können wir also ein KI-System hell ausleuchten, um solche Transparenz zu erzielen? Einen möglichen Weg dahin haben wir in diesem Buch bereits kennengelernt. Zweifelsohne fördert eine erklärende KI (XAI) Transparenz. Immer dann, wenn die KI eine sinnvolle Erklärung über ihre Arbeitsweise präsentiert, wird es heller in der Black Box.

Transparenz ist aber viel mehr als die sogenannte *eXplainable AI* in der KI-Forschung. In einem Artikel von zwei Forschern aus Schweden wird der Transparenz-Begriff aus weiteren Perspektiven betrachtet. So weisen Stefan Larsson und Fredrik Heintz in ihrer Arbeit auf die Bedeutsamkeit hin, dass für das Erzielen von Transparenz einer KI komplexe algorithmische Prozesse in Form von Code und Zahlen in eine einfache Sprache übersetzt werden.[1] Ansonsten

---

[1] Larsson, S., & Heintz, F. (2020). Transparency in artificial intelligence. *Internet Policy Review*, 9(2).

besteht die Gefahr, dass Laien nicht verstehen, was es genau mit der KI auf sich hat.

Weiterhin muss laut den beiden Autoren Klarheit über die Eigentümerschaft eines KI-Systems vorherrschen, um wirklich Transparenz zu erzeugen. Transparenz ist also hinsichtlich der Eigentumsverhältnisse zu schaffen: Wem gehört der Code? Und wem gehören die Daten, auf denen ein Algorithmus trainiert worden ist? Wer profitiert von der KI? In diesen turbokapitalistischen Zeiten ist es für die Nutzenden eines KI-Systems wichtig zu wissen, ob Interessenkonflikte entstehen. Dies ist auch aus einer juristischen Perspektive bedeutend. Denken wir in diesem Zusammenhang an die zahlreichen Klagen, die momentan laufen, in denen es um geistige Urheberschaft geht, wenn beispielsweise eine KI einen Song im Stil eines Künstlers oder einer Künstlerin schreibt und vielleicht direkt noch die künstlich nachgeahmte Stimme der Person nutzt.

Weiterhin sollte Transparenz darüber herrschen, inwieweit man bestehende KI-Systeme für private und/oder berufliche Zwecke kostenlos nutzen darf. Ich halte es für bemerkenswert, dass sich der Konzern Meta dazu entschieden hat, sein LLM Llama 2 zu öffnen.[2] Dadurch kann man die Sprachmodelle auf dem eigenen Rechner nutzen[3] – z. B. ohne Internetverbindung und dabei Daten zu teilen.

Es gibt weitere Dinge mitzudenken, wenn wir den Transparenz-Begriff sinnvoll mit Leben füllen wollen. KI-Systeme finden nicht isoliert im luftleeren Raum statt, sondern stellen komplizierte Systeme dar, in die zahlreiche Nutzende eingebunden sind. Dadurch entstehen schnell große Komplexitäten in Daten-Ökosystemen, die Fragen

---

[2] https://www.theguardian.com/technology/2023/jul/19/why-is-meta-releasing-llama-2-open-source-ai-model-mark-zuckerberg
[3] https://medium.com/@alexandros_chariton/how-to-fine-tune-llama-3-2-instruct-on-your-own-data-A-detailed-guide-e5f522f397d7

dahingehend aufwerfen, welche Daten von welcher Person genau wohin fließen. Diese Probleme kennen wir schon aus dem Social-Media-Zeitalter, sie werden jetzt allerdings noch verworrener und sehr unterschiedliche Bereiche berühren, von der elektronischen Patientenakte bis hin zur Verwaltung der eigenen Finanzen.

Das Zusammenspiel der Variablen des IMPACT-Rahmenwerks ist zu beachten

Damit komme ich zu abschließenden Gedanken am Ende dieses dritten Teils des vorliegenden Buchs. Bis jetzt haben wir uns mit den einzelnen Kategorien des IMPACT-Rahmenwerks beschäftigt (siehe Abb. 13.1). Es wurde gezeigt,

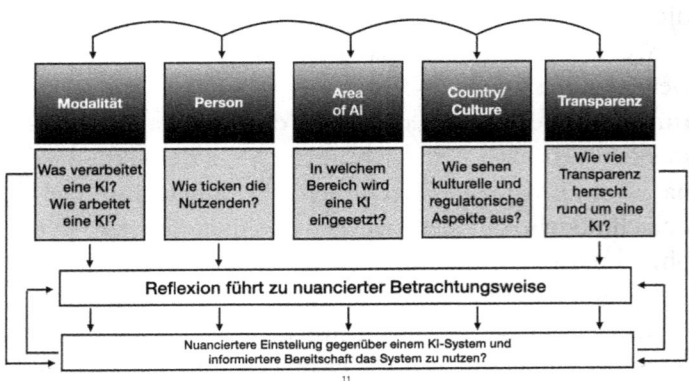

Abb. 13.1 Eine Reflexion über das Zusammenspiel der Kategorien des IMPACT-Rahmenwerks kann zu einer nuancierten Betrachtungsweise eines KI-Systems führen und dabei helfen, eine informierte Entscheidung zu treffen, ein bestimmtes KI-System zu nutzen. Die Begriffe sind nur teilweise in deutscher Sprache dargestellt, um das Akronym zu erhalten. *Area of AI* bedeutet Bereich der künstlichen Intelligenz und *Country/Culture* bedeutet Land/Kultur (modifizierte Abbildung nach: Montag, C., Nakov, P., & Ali, R. (2024). Considering the IMPACT framework to understand the AI-well-being-complex from an interdisciplinary perspective. Telematics and Informatics Reports, 13, 100112)

dass die Modalität(en) einer KI, genauso wie Personenvariablen, aber auch der Bereich, in dem eine KI operiert, alle von Bedeutung sind, um den Einfluss der KI auf Gesellschaften und Individuen zu verstehen. Darüber hinaus haben wir uns ebenfalls genauer die Variablen Kultur, politische Regulation als auch Transparenz angeschaut.

Ich möchte noch darauf hinweisen, dass das Akronym IMPACT mit dem Buchstaben I beginnt, das für *Interplay* oder übersetzt für Zwischenspiel bezüglich der genannten Variablen steht. Dies zielt auf eine wichtige Idee ab. Nur wenn wir die Kategorien des IMPACT-Rahmenwerks im Konzert berücksichtigen, können wir die für uns „richtige" Einstellung gegenüber KI entwickeln. So könnte es beispielsweise sein, dass ängstliche Personen eine transparentere KI bevorzugen würden, um die Berührungsängste mit der KI möglichst zu reduzieren. Das würde aber vielleicht nur dann gelten, wenn es sich um ein KI-System handelt, das die Diagnose einer möglichen Erkrankung betrifft. Diese Art der Verkettung der Variablen wird die nächsten Jahre mit zahlreichen Forschungsprojekten füllen können.

Ich bin davon überzeugt, dass eine Berücksichtigung der Variablen des IMPACT-Rahmenwerks es uns ermöglichen kann, eine nuancierte Haltung gegenüber KI-Systemen zu entwickeln und auch informierter darüber zu entscheiden, ob wir ein KI-System nutzen wollen oder nicht. Richtig ist aber auch, dass das IMPACT-Rahmenwerk neu ist und deswegen die hier vorgetragenen Gedanken stärker empirisch belegt werden müssen. An dem Rahmenwerk werden sicherlich in Zukunft auch Änderungen vorgenommen werden müssen. Weiterhin weise ich darauf hin, dass das vorliegende Rahmenwerk mit bereits etablierteren

Theorien zur Technologie-Nutzung in Zusammenhang gebracht werden müssen.[4]

---

[4] Dazu gehören das Technology Acceptance Model oder auch die Theory of Planned Behavior, die wir kürzlich in einem Artikel diskutiert haben: Montag, C., & Ali, R. (2024). Starting the Journey to Understand Attitudes Towards Artificial Intelligence. *The Impact of Artificial Intelligence on Societies*. Weiterhin weise ich auf ein interessantes weiteres neues Rahmenwerk hin: De Freitas, J., Agarwal, S., Schmitt, B., & Haslam, N. (2023). Psychological factors underlying attitudes toward AI tools. *Nature Human Behaviour, 7*(11), 1845–1854.

Teil IV

Von menschlichen Bedürfnissen im KI-Zeitalter

14

Auf dem Weg zu einer bedürfnisorientierten KI

Während des Zweiten Weltkriegs entsteht die humanistische Psychologie

An einem kalten Dezembertag 1941 beobachtete der junge Abraham Maslow aus seinem Auto eine Veteranenparade. Maslow sinnierte im Angesicht der Parade des Zweiten Weltkriegs über das Übel der Menschheit, und es formierte sich in seinem Kopf ein einfacher Gedanke, der seine Karriere fortan begleiten sollte: „Psychology for the Peace Table."[1] Damit wurde er zu einem DER

---

[1] Die Zitation und die Schilderung Maslows findet sich mit Verweis auf eine Biographie auf S. 83 des Bridgman-Artikels: Bridgman, T., Cummings, S., & Ballard, J. (2019). Who built Maslow's pyramid? A history of the creation of management studies' most famous symbol and its implications for management education. Academy of Management Learning & Education, 18(1), 81–98. Bei der Biographie handelt es sich um folgendes Buch: Hoffman, E. (1988). The right to be human: A biography of Abraham Maslow. Jeremy P. Tarcher, Inc.

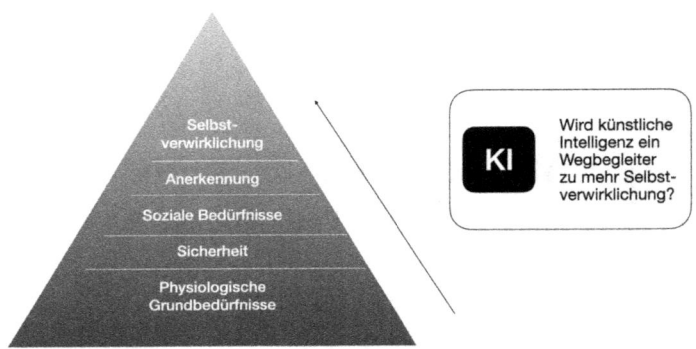

Abb. 14.1 Können wir das Ziel Selbstverwirklichung durch KI eher erreichen?

humanistischen Vertreter der Psychologie, der sich damit beschäftigte, wie Menschen das Beste aus sich herausholen können.

Maslow gilt sicherlich als einer der bedeutendsten Psychologen des letzten Jahrhunderts und ist wahrscheinlich auch Ihnen aufgrund seiner berühmten Bedürfnispyramide bekannt. Tatsächlich hat Maslow in seinen eigenen Arbeiten nie die Pyramide genutzt (sie geht wohl auf einen Kollegen von ihm zurück, der sie zum ersten Mal in den 1960er-Jahren verwendete). Egal ob Pyramide oder nicht – aus Maslows Sicht gibt es zentrale Grundbedürfnisse, die es zu befriedigen gilt, damit wir schließlich so etwas wie Selbstverwirklichung erlangen können. Diese Gedanken publizierte er zum ersten Mal etwa zwei Jahre später nach dem eingangs geschilderten Dezember 1941.[2] Einer von Maslows Grundgedanken lautet, dass wir zunächst basale Grundbedürfnisse stillen müssen – wie ausreichend

---

[2] Maslow, A. H. (1943). A theory of human motivation. Psychological Review, 2, 21–28.

Schlaf, Nahrung und Sicherheit –, bevor wir die Möglichkeit haben, nach höheren Weihen zu streben (siehe auch Abb. 14.1).

Die Ideen von Maslows werden nach wie vor kontrovers diskutiert. Es gibt zahlreiche Beispiele, die zeigen, dass es Ausnahmen von Maslows Hierarchie der Grundbedürfnisse gibt. Denken wir an den armen Künstler, der Hunger in Kauf nimmt, seiner Profession nachzugehen, obwohl eine andere Tätigkeit vielleicht zu mehr Sicherheit und weniger Hunger führen würde. Oder wir denken an jemanden, der durch Extremfasten der Erleuchtung nahekommen will, so wie das in vielen Weltreligionen praktiziert worden ist.[3]

Ist Maslows Theorie eine Utopie?

Eine Übersichtsarbeit von Douglas T. Kenrick und Kollegen nahm Maslows Hierarchie von Bedürfnissen erneut in den Forschungsfokus und klopfte die Pyramide aus mehreren Blickwinkeln ab.[4] Die Forschenden fanden neben einigen Kritikpunkten auch Belege für die Gültigkeit von Maslows Grundgedanken. Eine Haupterkenntnis, die sich für mich nach dem Lesen des Artikels einstellte, äußert sich darin, dass die Abfolge der Stufen der Bedürfnispyramide durchaus auch abhängig von der Sichtweise ist, die wir auf die Pyramide einnehmen. Ein biologisch-evolutionärer Blick würde beispielsweise nicht die Selbstaktualisierung (Selbstverwirklichung) an die Spitze der Pyramide

---

[3] D'Souza, J., & Gurin, M. (2017). Archetypes based on Maslow's need hierarchy. *Journal of the Indian Academy of Applied Psychology*, 43(2), 183–188.
[4] Kenrick, D. T., Griskevicius, V., Neuberg, S. L., & Schaller, M. (2010). Renovating the pyramid of needs: Contemporary extensions built upon ancient foundations. *Perspectives on Psychological Science*, 5(3), 292–314.

setzen, sondern die Elternschaft. Das höchste Ziel aus Sicht der Evolution wäre doch, dass wir uns fortpflanzen.

In der klassischen Anordnung der Pyramide – mit der Selbstaktualisierung an der Spitze – spiegelt sich auch klar Maslows Weltbild wider, der die Hierarchie mit einem Wachstumsmotiv an der Spitze auch durch das Studium von Weltbiografien wie die des Gandhi gewann. Vor diesem Hintergrund stellt sich die Frage, wie gut sich Ottonormalverbrauchende in einer historischen Weltperson wie Gandhi überhaupt wiederfinden können.

Passend zu dieser Überlegung haben wir in der Vergangenheit eine Studie mit mehr als 800 Befragten durchgeführt, in denen wir die Studienteilnehmenden darum baten, die Elemente der Pyramide nach deren Wichtigkeit zu sortieren. Interessanterweise fand sich das Bedürfnis nach erfüllter Bindung ganz oben und Selbstaktualisierung am Fuß der Pyramide wieder.[5] Eine Interpretation der Daten würde darauf hindeuten, dass Maslows Pyramide eine Utopie darstellt. Den Normalos unter uns scheint Maslows Endziel der Selbstverwirklichung/Selbstaktualisierung nicht so wichtig zu sein.

Maslow als Inspiration für KI-Design und den richtigen Einsatz der Technologie?

Trotz der berechtigten Kritik an Maslows Arbeit sind die aufgezeigten Grundbedürfnisse als auch das Streben nach Anerkennung und Selbstverwirklichung tief in

---

[5] Montag, C., Sindermann, C., Lester, D., & Davis, K. L. (2020). Linking individual differences in satisfaction with each of Maslow's needs to the Big Five personality traits and Panksepp's primary emotional systems. *Heliyon, 6*(7), e04325.

14 Auf dem Weg zu einer bedürfnisorientierten KI

Gesellschaften rund um den Globus verankert. Bei der Beschäftigung mit den klassischen Arbeiten von Maslow stellte sich dann für mich kürzlich die Frage, was Maslow uns für das anstehende KI-Zeitalter mitgeben kann und ob es uns durch den Einsatz von KI gelingen kann, die Bedürfnispyramide erfolgreicher zu meistern? Mir ging durch den Kopf, ob wir Fragen rund um die Entwicklung und den richtigen Einsatz von KI-Systemen vielleicht ganz anders stellen müssen.[6] Sollten wir im Sinne der humanistischen Psychologie den Menschen im KI-Zeitalter nicht viel stärker in den Fokus rücken? Wenn wir diese Frage bejahen, könnte uns gerade der gute alte Maslow mit seinen Erkenntnissen doch weiterhelfen! In diesem Falle würde Maslows Pyramide als eine Art Leitfaden für den Einsatz von KI in Gesellschaften herhalten können.

Basierend auf den Ideen, die ich in einer neuen Arbeit mit Kollegen vorgetragen habe, möchte ich diese Gedanken ein wenig mehr ausgestalten. Das Studium der Bedürfnispyramide im Kontext des Einsatzes von KI könnte in Fragen resultieren, die darauf abzielen zu beantworten, ob ein KI-System uns dabei helfen kann, Grundbedürfnisse wie ausreichend Schlaf, Nahrung, Sicherheit und Anerkennung zu stillen. Dafür gibt es heute schon Beispiele. KI kann bereits dabei helfen, Schlafmuster einer Person auszuwerten und dadurch vielleicht bald auch den eigenen Schlaf zu optimieren.[7] Damit könnte vielleicht vielen

---

[6] Montag, C., Riazi, A. M., Mikros, G., Becker, B., & Ali, R. (2025). On the relevance of Maslow's need theory in the age of artificial intelligence. *Technological Forecasting and Social Change, 219*, 124–222.

[7] Perez-Pozuelo, I., Zhai, B., Palotti, J., Mall, R., Aupetit, M., Garcia-Gomez, J. M., Taheri, S., Guan, Y., & Fernandez-Luque, L. (2020). The future of sleep health: a data-driven revolution in sleep science and medicine. *NPJ Digital Medicine, 3*(1), 42.

Menschen mit Schlafstörungen zu mehr Wohlbefinden verholfen werden.

Weiterhin kann KI schon heute viele Prozesse in der Landwirtschaft – von der richtigen Auswahl an Saatgut bis hin zu Bewässerungsplänen – verbessern, was zu einer besseren Grundversorgung mit Nahrungsmitteln von Bevölkerungen führen könnte.[8] Damit würde der Hunger in manchen Ländern hoffentlich erfolgreicher bekämpft werden.

KI-Systeme können durch Überwachungstechnologien zu höherer Sicherheit führen. Eine kürzliche Meta-Analyse zeigte, dass Überwachungskameras zu einer 13%igen Reduktion an Verbrechen im Vergleich zu einer Kontrollgruppe führte.[9] Die Arbeit zeigte aber auch, dass die positiven Effekte einer solchen Überwachung in manchen Bereichen besonders gut zu funktionieren scheinen (in dieser Arbeit waren es Parkhäuser). Die Frage ist, was passiert, wenn hier KI-Systeme eingesetzt werden, die dabei helfen, Täter und Täterinnen durch das Studium des Videomaterials noch schneller ausfindig zu machen. Kehrseiten von Massenüberwachungen müssen allerdings mitgedacht werden.

Gehen wir weiter durch Maslows Bedürfnispyramide: KI-Systeme können heute auch schon als soziale Begleitpersonen wahrgenommen werden, sei es als soziale Roboter oder LLMs, mit denen man sich austauscht. Erste Arbeiten weisen darauf hin, dass Interaktionen mit ChatGPT die Einsamkeit reduzieren können, gerade auch

---

[8] Akkem, Y., Biswas, S. K., & Varanasi, A. (2023). Smart farming using artificial intelligence: A review. *Engineering Applications of Artificial Intelligence, 120,* 105899.

[9] Piza, E. L., Welsh, B. C., Farrington, D. P., & Thomas, A. L. (2019). CCTV surveillance for crime prevention: A 40-year systematic review with meta-analysis. *Criminology & Public Policy, 18*(1), 135–159.

14 Auf dem Weg zu einer bedürfnisorientierten KI

in alternden Gesellschaften.[10, 11] Wir sollten uns allerdings nicht darauf verlassen, dass die Mensch-KI-Interaktion eine nachhaltige Lösung darstellt, um dieses große Problem unserer Zeit in den Griff zu bekommen.

KI-Systeme können uns zudem heute schon erfolgreicher machen, indem sie uns bei der Arbeit unterstützen, unsere Ziele zu erreichen. Das wird bald sehr unterschiedliche Arbeitsbereiche betreffen, von dem Erstellen einer Präsentation bis zur Datenauswertung. Möglicherweise bringt uns der damit einhergehende Erfolg auch mehr Ansehen und Anerkennung.

Und wie sieht es mit der Königsdisziplin nach Maslow aus: Selbstverwirklichung? Kann uns KI näher zu diesem Ziel bringen? LLMs mögen hier tatsächlich hilfreich sein. Sei es, wenn es darum geht, einen sokratischen Dialog zu halten, um sich von einem negativen Gedankenmuster zu einem positiven Gedankenmuster zu bewegen[12] oder auch Menschen von Verschwörungstheorien wegzubringen, die uns im Wege stehen, die Pyramide erfolgreich zu meistern.[13] Vielleicht kommen wir eines Tages durch den Einsatz eines KI-Systems Maslows großem Ziel der Selbstverwirklichung realistisch ein Stück weit näher, indem wir durch die Symbiose unserer Talente mit der Maschine, die

---

[10] Al Mazroui, K., & Alzyoudi, M. (2024). The role of ChatGPT in mitigating loneliness among older adults: An exploratory study. *Online Journal of Communication and Media Technologies, 14*(4), e202444.

[11] Alessa, A., & Al-Khalifa, H. (2023, July). Towards designing a ChatGPT conversational companion for elderly people. In *Proceedings of the 16th International Conference on Pervasive Technologies related to Assistive Environments* (pp. 667–674).

[12] Held, P., Pridgen, S. A., Chen, Y., Akhtar, Z., Amin, D., & Pohorence, S. (2024). A novel cognitive behavioral therapy-based generative ai tool (Socrates 2.0) to facilitate socratic dialogue: Protocol for a mixed methods feasibility study. *JMIR Research Protocols, 13*(1), e58195.

[13] Costello, T. H., Pennycook, G., & Rand, D. G. (2024). Durably reducing conspiracy beliefs through dialogues with AI. *Science, 385*(6714), eadq1814.

unsere Defizite ausgleicht, die nächsten Stufen der Pyramide erklimmen. Dafür müssen wir aber ausreichend intrinsisch motiviert sein, uns mit der KI auseinanderzusetzen (die Self Determination Theory aus Kap. 5 lässt grüßen!).

Eine Unterhaltung mit ChatGPT über Selbstverwirklichung

Während ich das Schreiben dieses Buchs zu Ende bringe, stehe ich kurz vor dem Aufbruch zu einem neuen Lebensabschnitt, in dem es für mich in Richtung Selbstverwirklichung geht. Ich trete meine neue Stelle als Distinguished Professor of Cognitive and Brain Sciences an der University of Macau in der ehemaligen portugiesischen Kolonie an, die nun zu China gehört. Vielleicht hat ChatGPT ein paar gute Tipps für mich parat, sodass es mir leichter fällt, dort meine Ziele zu erreichen?

> Du: Kannst du mir helfen, mich selbst zu verwirklichen?
> ChatGPT: Ja, sehr gerne! Selbstverwirklichung ist ein großer und individueller Prozess. Magst du mir ein bisschen mehr darüber erzählen, was das für dich bedeutet? Geht es um persönliche Entwicklung, berufliche Erfüllung, kreative Entfaltung oder etwas anderes? ☺
> Du: Berufliche Erfüllung!
> ChatGPT: Super! ☺ Berufliche Erfüllung kann viele Formen haben – möchtest du deine aktuelle Karriere weiterentwickeln, dich neu orientieren oder vielleicht sogar etwas Eigenes aufbauen? Was macht dir Spaß, und was sind deine Stärken? 💡
> Du: Ich gehe jetzt nach China, um eine neue Stelle anzutreten, die mir viele Möglichkeiten gibt. Wie soll ich das angehen?
> ChatGPT: Wow, das klingt nach einer großartigen Chance! 🇨🇳✨ Damit du das Beste aus dieser neuen Erfahrung he-

rausholst, kannst du dich strategisch vorbereiten. Hier sind einige wichtige Punkte:

1. Klare Ziele setzen ♂ Überlege dir, was du aus dieser Stelle herausholen möchtest:

   Möchtest du schnell aufsteigen?
   Ein bestimmtes Fachwissen vertiefen?
   Dein Netzwerk ausbauen?

2. Die chinesische Kultur verstehen ♠

   Arbeitskultur: Beziehungen (Guanxi) sind extrem wichtig. Baue Vertrauen auf und sei respektvoll in der Kommunikation

   Hierarchie & Respekt: In vielen Unternehmen gibt es eine klare Hierarchie – zeige Respekt gegenüber Vorgesetzten und älteren Kollegen

   Verhandlungen & Meetings: Sei geduldig und achte auf indirekte Kommunikation

3. Sprache & Kommunikation ♦□
   - Falls du noch kein Mandarin sprichst, lerne zumindest die Basics – das öffnet viele Türen
   - Englisch funktioniert in großen Städten, aber Chinesischkenntnisse helfen im Alltag und im Business enorm

4. Networking & Beziehungen aufbauen ▫
   - Sei offen für After-Work-Aktivitäten – dort entstehen oft die besten beruflichen Kontakte
   - Plattformen wie WeChat sind wichtig für Business-Kommunikation

5. Persönliche Anpassung & Mindset ⚑

   Es wird Herausforderungen geben – bleib flexibel und neugierig

   Lerne aus kulturellen Unterschieden und sieh sie als Chance zur Weiterentwicklung

Hast du schon konkrete Pläne, wie du starten willst? ☺
Du: Das reicht mir fürs Erste. Danke!
ChatGPT: Gern geschehen! ☺ Ich wünsche dir einen großartigen Start in China und viel Erfolg in deinem neuen Job! CN🚀 Falls du später nochmal Tipps brauchst – einfach melden. Viel Spaß und gute Reise! ✨

Über den Sinn und die Möglichkeit von KI-freien Zonen

Grundsätzlich stellt sich mir die Frage, in welchem Umfang wir KI in unserem Alltag Einzug gewähren lassen möchten. Ich persönlich bin davon überzeugt, dass eine generelle Verweigerung von KI-Diensten in Privat- und Berufsleben zu merkwürdigen Workarounds führen wird. Das lässt sich heute schon bei ähnlichen Debatten rund um das Smartphone sehen. Ein genereller Verzicht aufs Smartphone (ich spreche hier nicht über Kinder, sondern Erwachsene) bringt bereits jetzt Probleme mit sich, weil das Smartphone mittlerweile vom Kartendienst bis zum Fahrausweis zahlreiche relevante Funktionen für das Bestehen im Alltag mit sich bringt. Ähnliches gilt für die KI, die sich der Elektrizität ähnlich bereits heute an vielen Stellen in unserem Leben eingenistet hat. Ohne KI gäbe es keinen Sprachassistenten auf dem Smartphone, keinen Social-Media-Dienst, kein Navigieren mit Live-Updates durch den Straßenverkehr und auch Internetabfragen via Online-Suchmaschinen bauen immer mehr auf KI auf. Beim Arzt würde man bei einer Verweigerung einer KI in naher Zukunft möglicherweise auf lebensrettende Maßnahmen verzichten – beispielsweise, wenn man einen bösartigen Tumor zu spät oder nicht entdecken würde. Eine Verweigerung der KI wird uns zudem als Individuen, aber auch als Gesellschaft abhängen. Zumal nicht die KI unsere

14 Auf dem Weg zu einer bedürfnisorientierten KI

Jobs bedroht, sondern andere Kollegen und Kolleginnen, die durch den Einsatz von KI einen Vorteil erzielen werden. Der Ökonom Richard Baldwin formulierte dies auf dem World Economic Forum's Growth Summit wie folgt: „AI won't take your job, it's somebody using AI that will take your job."[14] Aus einer Vogelperspektive gilt das natürlich auch für Gesellschaften rund um den Globus, die aufgrund ihrer eigenen Haltungen KI unterschiedlich schnell und in unterschiedlichem Ausmaß in ihrem Alltag integrieren werden. Wie wir kennengelernt haben, wird dieser Prozess auch durch die verschiedenen Regulierungsansätze beeinflusst.

Vor diesem Hintergrund erscheint es mir besonders wichtig zu sein, genau darüber nachzudenken, an welcher Stelle uns die KI einen wirklichen und möglicherweise unverzichtbaren Mehrwert liefert und wo genau durch den Einsatz der KI Probleme in unserem Leben und unseren Gesellschaften entstehen. Denken wir in diesem Kontext auch an die Schattenseiten wie den Over-Reliance-Begriff oder die aktuellen Probleme rund um die Desinformationskampagnen auf den sozialen Medien. Bedenkt man die zahlreichen Schattenseiten der KI, wird für mich auch ein Szenario denkbar, das sich mit „No-AI-Safezones" beschäftigt.[15] Damit meine ich Inseln in unserem Alltag, auf die wir uns zurückziehen können, um von den negativen Konsequenzen der KI mit ihren vielen Gesichtern geschützt zu werden. Auf diesen Inseln werden wir als Men-

---

[14] https://www.businessinsider.com/ai-wont-take-your-job-someone-using-it-will-quote-2024-6
[15] Montag, C., Riazi, A. M., Mikros, G., Becker, B., & Ali, R. (2025). On the relevance of Maslow's need theory in the age of artificial intelligence. *Technological Forecasting and Social Change, 219,* 124–222.

schen auch weiterhin erfahren können, wie es sich anfühlt, auf uns selbst zurückgeworfen zu sein.

Für mich wird die Zukunft auf der einen Seite darin bestehen, eine Art Co-Intelligenz[16] mit der KI einzugehen, um das Optimum aus uns herauszuholen. Niemand kann aber absehen, was uns das auf Dauer geistig und emotional abverlangen wird. Deswegen brauchen wir sicherlich auch Bereiche – vielleicht solche „No-AI-Safezones" – in denen wir als Menschen so sein dürfen, wie uns Mutter Natur geschaffen hat. Mit allen Stärken und Schwächen. Die Psychologie als Naturwissenschaft wird den Prozess zu gesunden KI-Gesellschaften hoffentlich erfolgreich begleiten und bereichern können.

---

[16] Mollick, E. (2024). *Co-intelligence: Living and working with AI*. Penguin.

Nachwort

Von Köln nach Macau

Mein Buch über den Datenkapitalismus *Du gehörst uns!* endete in Köln am Rhein. Jetzt sitze ich weit weg von meiner Heimatstadt in Macau und schaue aus meiner Wohnung auf das chinesische Festland und Meer. In der Dunkelheit erahne ich, wie die Containerschiffe auf der See vorbeiziehen. Mir hat die Digitaltechnologie in Form von Laptops, Smartphones und deren zahlreichen (KI-)Anwendungen bis zum heutigen Tage viele Möglichkeiten eröffnet, um mich global zu vernetzen. Jetzt darf ich meinen nächsten Schritt Richtung Selbstverwirklichung gehen.

Ich freue mich auf das asiatische Abenteuer an der University of Macau. Hier werde ich in den nächsten Jahren weiter an der Fragestellung forschen, was die KI mit uns und Gesellschaften rund um den Globus macht. Dabei interessiere ich mich – für Sie wenig überraschend nach dieser Lektüre – für eine KI-Perspektive, die den Kulturfaktor stärker in Betracht zieht. Denn: Was KI mit uns macht, hat nicht nur mit uns selbst oder der KI-Modalität zu tun, sondern auch, wie KI-Systeme in Gesellschaften mit ihren Eigenheiten eingebettet werden.

Wie KI unsere Welt beeinflusst, ist – entgegen vieler Narrative der Industrie – noch nicht ausgemacht. Es liegt auch an uns, was wir aus der KI-Revolution machen und wie wir die neue Technologie mit ihren vielen Gesichtern für uns nutzen.

Ich hoffe, dass es Ihnen gelingt, Ihr Potenzial durch KI voll auszuschöpfen. Wäre es nicht toll, wenn wir durch die neuen technologischen Möglichkeiten tatsächlich an uns wachsen? Dafür müssen wir die Technologie in unseren Alltag integrieren und ein Leben lang an uns arbeiten. Oder in den Worten des großen chinesischen Gelehrten Konfuzius aus Qufu, der mich auf meinem Schreibtisch als kleine Statue anschaut: „Es ist nicht von Bedeutung, wie langsam du gehst, solange du nicht stehen bleibst."

Danke

Ich danke meinen Kooperationspartnern, besonders Raian Ali von der Hamad Bin Khalifa Universität in Doha, mit dem ich seit einigen Jahren im Bereich der KI forschen darf. Weiterhin danke ich meinen Kollegen Benjamin Li Junting von der Nanyang Technological University in Singapur für die Unterstützung, genauso wie Peter J. Schulz von der Universität Lugano in der Schweiz. Ich danke meinem Kollegen Benjamin Becker von der Hong Kong University für die gemeinsamen MRT-Arbeiten – auch im Bereich der KI-Forschung. Yu-Hsuan Lin vom Institute of Population Health Sciences in Miaoli danke ich für die gemeinsame Arbeit über die Google-Suchanfragen zum Thema KI. Zudem danke ich meinem Kollegen Jon D.

Elhai von der University of Toledo für die Unterstützung im Bereich der Smartphone- und Social-Media-Forschung.

Ich danke meinen Eltern Udo und Ingrid Montag für die Unterstützung seit mehr als 47 Jahren, auch ganz besonders für das Verständnis, weil ich nun ein wenig weiter weg von der Heimat arbeiten werde. Danke auch an meinen Bruder Thomas für den Support über viele Jahre - ich freue mich auf Besuch in Macau :-)

Die größte Unterstützung bekomme ich von meiner Frau Susanne und meinen Kindern Hannah und David. Danke, dass Ihr da seid und mit mir gemeinsam durchs Leben geht. Wohin uns der Wind auch trägt.

Macau, 31. März 2025.

GPSR Compliance
The European Union's (EU) General Product Safety Regulation (GPSR) is a set
of rules that requires consumer products to be safe and our obligations to
ensure this.

If you have any concerns about our products, you can contact us on

ProductSafety@springernature.com

In case Publisher is established outside the EU, the EU authorized
representative is:

Springer Nature Customer Service Center GmbH
Europaplatz 3
69115 Heidelberg, Germany

www.ingramcontent.com/pod-product-compliance
Lightning Source LLC
LaVergne TN
LVHW020332260326
834688LV00037B/988